JN026192

In Praise of LITERATURE

文学を称賛して

社会学と文学の密接な関係

ジグムント・バウマン／リッカルド・マッツェオ
Zygmunt Bauman & Riccardo Mazzeo

訳：園部雅久
Masahisa Sonobe

上智大学出版
Sophia University Press

文学を称賛して

社会学と文学の密接な関係

ジグムント・バウマン／リッカルド・マッツェオ

訳：園部雅久

Translated from In Praise of LITERATURE (1st edition)
by Zygmunt Bauman & Riccardo Mazzeo

目　　次

序

　これから展開される、私たちの手紙による対話の主題は、悪名高い（人によっては＜本質的な＞）対立する問題である。つまり、文学（より一般的には芸術）と社会学（あるいはより一般的に、科学を標榜する人文科学の一分野）との関係についてである。

　他の芸術の分野と共に、文学と社会学は、文化の重要な項目である。テオドール・W・アドルノ[1]の文化の性質と役割についてのこのような叙述や評価――文化の恩恵を受けると見込まれる者が、自分を欺いて慈悲深いと思い込んでしまうかもしれない「ヴェールを引き裂くこと」で、「自己保存のシステムを乗り越える」というような――は、文学と社会学の両方に同じように当てはまる。全く同じように、文学と社会学は様々な文化的生産物のなかでも、とりわけ互いに親密な関係にあり、お互い密接に協働しており、便宜上課せられた分離が示唆するよりも、ずっと近くにあるというのが私たちの見解である。

　文学と社会学は、それが探究する領域、その主題やトピック――また（少なくともかなりの程度において）、その任務や社会的インパクトを共有しているということを私たちは論じ、示そうと思う。私たちの一人が言うように、その類似性や協働性の特質を明らかにすることで、文学と社会学は、「相互に補完的、補充的であり、相互に高め合うものである。それらは決して競争関係にはなく［……］――まして、対立関係とか、互いにかみ合わない関係というものではない。意識的であろうとなかろうと、故意であろうと自ずとであろうと、それらは同じ目的を追求し、いわば＜それらは、同一の仕事についている＞と言

える[(1)]」。それゆえ、もしも、人間の条件の不思議さを解読しようとし、思い込みや、刷り込まれた、あるいは自らねつ造した誤解で織られたヴェールを引き裂こうとしている社会学者であるならば、また、「試験管で生まれ育てられた人造人間（ホムンクルス）の疑わしい、無遠慮な＜知識＞を過剰に積み込んだ＜真実＞よりも、＜現実の生＞を追い求めるならば、フランツ・カフカ、ロベルト・ムージル、ジョルジュ・ペレック、ミラン・クンデラ、さらにはミシェル・ウエルベックといったような小説家からの暗示を参照せざるを得ない」。文学と社会学は、お互いに高め合う。両者はまた、お互いの認知の地平を描くのに協力し、お互いの間違いを正すことを手助けする。

　しかしながら、私たちが、手紙をやり取りする際に考えていたことは、芸術と人文／社会科学との間の多面的な関係についての、長らく続いてきた様々な学問的な見解を再構築することでも、その現状を示そうとすることでもなかった。主に社会学的な関心から行われ記録された私たちの対話は、文学理論における試論ではなく——ましてや、その長く豊かな文学理論史の再構築ではない。その代わりに私たちは、行為におけるその関係性を提示しようとした。つまり、共有された願望、お互いの着想、および人間の条件へのこれら二つの問いかけのやり取りを追いかけ、書き留め、記録することである。この世の人間のあり様は、人間の可能性、見込みや希望、期待や不満が達成されたり、無視されたり、棄てられたりする喜びや悲しみで出来上がっている。文学も社会学も共にそういうことをやっている（少なくとも、そういうことをしようとしているし、より正確には、それに挑戦し続けている）——ただ、お互いに補完的である一方、異なった戦略や道具や方法を用いてはいるが。

---

(1)　Zygmunt Bauman, Michael Hviid Jacobsen and Keith Tester, *What Use Is Sociology? Conversations with Michael Hviid Jacobsen and Keith Tester* (Polity, 2014), pp. 14-17.（=2016、伊藤茂訳『社会学の使い方』青土社）

　文学が芸術の領域に分類され、一方、社会学が科学の領域に分類されるべく、ひたすら働きかけてきたことは——ある程度の成功ではあるが——専門家の重点の置き方とともに、お互いの関係についての共通の見方に根深い刻印を残さざるを得ない。そのため、別々の分野とされた両者は、橋を築き、境界を跨ぐ交通を促進するよりも、境界を設けることに力を注いだ（私たちが見るに、その結果として両者に、飛びぬけて利益よりも損失をもたらしている）。一方、護るべき身分証明書をチェックする任務が、概して、（ごく稀な）渡航文書を発行するよりもずっと注目され、それに専心することを要請されていた——あたかも、境界は差異の存在によって引かれるというよりも、境界が引かれることによって差異が熱心に模索され創り出されるという、フレドリック・バルト[2]の考察を肯定するかのようである[2]。この二つの文化的生産物の分野は、それぞれその分野を志す者に対して、厳しい要求を課す。厳しく、厳格で面倒な対処法や禁止項目が、独自のアイデンティティと各々の領土的支配権を守るために成文化される。規則への同調という観点から、ボーダーラインの防御柵と共に、その集団の特権を無効にしてしまう恐れのある、十分に教育されていない志望者を締め出すために、極めて高い障害（クロスバー）が設けられる。

　作業を進めるうえでの＜方法＞の相違は、文学と社会科学的な研究はそれぞれ異なる目的があると思われているように、実に多様であり、雑多である[3]。しかしながら、相違のうちの二つは、人間の条件を探究する二つの方法間の差異にとって——また、同様にその補完性にとっても中心的である。この二重性は、ゲオルク・ルカーチ[3]の1914年の研究で、すでに見事に捉えられていた。「芸術は常に生に対

---

(2)　Frederick Barth, *Ethnic Groups and Boundaries: The Social Organization of Culture Difference* (Universitetsforlaget, 1969). 参照。
(3)　一つの問題における二つの（対立する）文化の系譜と現在の段階については、ステファン・コリーニ の極めて有益で、洞察力に満ちた以下の論考を参照。「リーヴィス・V・スノー：二つの文化の崩壊から50年」（ガーディアン、2013年8月16日）

して、＜だがしかし！＞と言う。形式の創造は、食い違いがあることの最も奥深い肯定である［……］小説は、その存在が完成形のなかにある他の分野と異なって、生成過程にあるものとして出現する[4]」——社会学的研究の大部分が、その＜他の分野＞に属すると言える。つまり、それは完全性、包括性、閉鎖性といったことを目指している。この課題に関わって、社会学的研究は余分なものを省略し、排除したがり、あるいは、重要でない特異な例外として、風変わりで、奇妙で、異常なものとして、個人的な独自性——主観的なものすべてを考慮から外したがる。社会学的研究は、標準的なもの、一般的なものを理解しようとする一方、独特で変わったものは、風変わりで異常なものとして除外しようとする。しかし、ルカーチが言うように、「小説の外観」は「本質的に個人の生活史」である以外にはあり得ない。ルカーチは「生を完全に把握することができない概念の体系と、決して完璧には捉えることができない生の複雑さとの間をさまようことは、内在的に実現不可能である」と警告している。

そこで私たちは一方で、個々人の生の有機体的に多様な、風土的に相異なる社会環境に直面し、他方で、断片化された生からまとまった全体性を呼び起こす、また一連の個人史の風見鶏的な一貫しない立場や、猿環的なねじれや回転から、しっかりした軌跡を呼び起こす、個々人の上手くいかないかもしれないが熱心な努力に直面する。最初のものは、非論理的で非合理的な条件に対して、論理と合理性を導入する過ちを導く。もう一方は、本質的に異なる、一貫性のない、押したり引いたりの混乱状況に、自己推進かつ自己誘導された英雄的行為を密かに探り出す誤りを導く。最初の危険は、社会学的な企てに広く見られ、後者は小説を書く企てに見られる。社会学も文学も独力でそれぞれの脅威に打ち勝つことはできない。しかしながら、両者は力を合わ

---

(4) Georg Lukács, *The Theory of the Novel*, trans. Anna Bostook (The Merlin Press, 1971), pp. 72-3, 77. から引用。

せることで——その場合のみ——両方の危険を回避し克服することができる。そして、＜補完性＞という名の下に勝利の機会を与えるのは、まさにこの両者の＜差異＞なのである。ミラン・クンデラ[4]の要領を得た表現を引けば、「近代という時代の建設者は、デカルトだけではなく、セルヴァンテスでもある。［……］もしも、哲学と科学が人間の実存を忘却したということが真実ならば、セルヴァンテスと共に、偉大なヨーロッパ芸術が、この忘れられた実存の探索という形をとったということが一層はっきりとする[5]」。そしてまた、ヘルマン・ブロッホ[5]の主張への彼の誠意ある賛同を引けば、「小説の唯一の存在理由は、小説だけが見出せることは何かということを見出すことである」。付言すれば、その発見なしには、社会学は片足の歩行者になってしまう恐れがある。

　ここで問題にしている関係は、＜兄弟間の争い＞の特徴を持っていると言える。つまり、協働と競争の混合である。それは、同じ目的を追い求めることが定められているもの同士に予想されることであり、比較可能だが、結果のタイプが異なるという理由で、判断され、評価され、また認められたり否定されたりするのである。小説と社会学的研究は同じ好奇心から生じ、同様の認識に関わる目的を持っている。つまり、同じ親を持ち、議論の余地のない、容易に分かる家族的な類似性を身につけ、お互い相手の優れたところを、称賛と仲間内の嫉妬が入り混じった目で見ている。小説を書く者と社会学のテキストを書く者はつまるところ同じ土壌を耕している。すなわち、（ジョゼ・サラマーゴ[6]を引けば）「理由はどうであれ、ただ生きただけではなく、今日まで残る、来るべき世代に感化し続ける刻印や存在感、影響を残した男や女たちが、この世界に生きてきた証となる、この世における

---

(5)　Milan Kundera, *L'art du roman* (Gallimard, 1968); *The Art of the Novel*, trans. Linda Asher (Faber & Faber, 2005), pp. 4-5.（＝2016、西永良成訳『小説の技法』岩波書店）から引用。

広大な人間の経験」である[6]。小説を書く者と社会学のテキストを書く者とは、同じ世帯に住んでいる。ドイツ人が＜生活世界＞（生きられた世界）と呼ぶものにおいて、その住人（その＜著者＞──つまり、その行為主体であると同時に書き手である）によって、＜常識＞という知識のなかに捉えられ、再生利用された世界、彼らの生活実践に反映された生きる術のなかに作り直された世界である。意識的であろうとなかろうと、意図的であろうと自ずとであろうと、両者は共に、いわば＜二次的（あるいは派生的）な解釈学＞に関わっている。すなわち、先行する解釈の絶えざる再解釈、民衆の解釈的な努力によって形成された現実（リアリティ）、また彼／彼女らの思い込み（常識、つまり自分の考え──たとえあったとしても──ではあまりなく、行為の基になる考え）に基づいた現実の再解釈である。

　数多くの過去の出来事に関して、小説家（他の視覚的な芸術家と同様）は、まずこれまでの経緯の初期の変化、あるいは彼らの同時代の人たちが直面し、取り組みに奮闘した挑戦の新しい傾向を記録し精査した。つまり、小説家は、たいていの社会学者にとって、その周辺性（マージナリティ）、かつ明らかにマイノリティの地位へと最終的に割り振られるために、気づかれず、放置され、関心を持たれないままになっている段階で、新しい試みに目星をつけ捉えようとした。私たちは、目下のところ、もう一つのそのような出来事を目撃している。近代という歴史において再び、小説家は、大衆の反響、討論、気づきの前衛における映画製作者や視覚芸術家たちと一緒になって行動している。彼／彼女らは、かつてなく規制緩和され、原子化され、個人化された消費者社会の人々の新奇な条件に先駆的な洞察を行っている。慌ただしい生活に取り込まれ、新奇の流行に加わるよう運命づけられた、一瞬の暴政に心痛める人たちである。彼／彼女らは、はかない楽しみと長く続く落胆、恐れ、

(6)　José Saramago, *The Notebook*, trans. Amanda Hopkinson and Daniel Hahn (Verso, 2010), p. 13.

憤慨、不同意、およびうわべだけ、あるいは心底からの抵抗の断片的な試みを追い求め、描写している――それは、部分的な勝利と表向きの（一時を願うのだが）敗北に終わる。彼らに目覚めさせられ、伊吹を吹き込まれ、尻押しされて、社会学者は無理やり、彼らの洞察を体系的な好き嫌いのない、公正な研究に基づく、権威的な命題のなかに位置づけようとする。そのプロセスの研究は、二つの文化、すなわち芸術的なものと科学的なものとの間の関係と相互依存の型を解明する鍵となる――それはまた、二つの分野に携わる者それぞれが、自らの進歩をどの程度、相手から受ける動機づけ、啓蒙、刺激や敵意に負っているのかを明らかにする。

　私たちの対話で伝えようとしたことの結論は以下のことである。小説の書き手と社会学のテキストの書き手は、この世界を異なった視角から探究し、異なったタイプの＜データ＞を追い求め、産み出しているかもしれない――だが、その生産物は共有する起源の確かな痕跡を保っている。両者はお互いに育て合い、各々の題目、見出したもの、伝えたいことの中身にお互い依存している。両者は真実を明らかにしている。それは全般的な真実であることも、互いに交流があり、互いの知見に気を配り、不断の対話を行っている場合にのみ当てはまる人間の条件の真実に他ならないこともある。小説と社会学は協力によってのみ、伝記と歴史、個人と社会の複雑な絡まり合いを解きほぐし、解明する挑戦的な仕事を立ち上げることができる。私たちが日々形づくり、一方それによって形づくられている全体性への取り組みである。

Z. B. & R. M.

第1章

二人姉妹

R. M. あなたは、社会学にとって文学がなぜとても重要なのかとい
う理由を、二つの分野を姉妹と捉えることで、極めて明解に言い表し
た。両者、社会学と文学は実際——ミラン・クンデラが言うように
——セルヴァンテスの『ドン・キホーテ』に見られるように、常に先
入観のヴェールを引き裂く傾向にある[1]。

　心底受容され、生きられる人間の経験の複雑さや無限の多様性に心
を留めると、個々の人間は、データや客観的事実、モデルや統計とし
て識別され言い表される人造人間（ホムンクルス）に帰することはできない。文学それ
自身の性質は、両義的で、比喩的で、換喩的である。それは、堅固さ
と流動性、また同質性と多様性、さらには私たちの存在の＜ピリピリ、
ザラザラ、カリカリ＞[2]といった感触すら表現することができる。私
たちは、自分たちは誰で、何を欲しているのかということを表す言葉
を欠いているばかりでなく、眩いほどに魅力的で誘惑的であると同時
に、空虚で生きの悪い言葉によって過剰に満たされ、飽和状態にされ
ている。それは、持つことで期待どおりに社会のなかに居場所を認め

---

(1)　Milan Kundera, *Le Rideau: essai en sept parties* (Gallimard, 2005), p. 104.（= 2005、西永
　　良成訳『カーテン——7部構成の小説論』集英社）
(2)　Jean-Pierre Richard, *Proust et le monde sensible* (Editions du Seuil, 1974), p. 31.

8

られる、驚くべきハイテクの道具と、嫌がうえにも持たざるを得ない最新の製品で使われる、祝祭の警笛によって繰り返される、至る所にある言葉である。

そこで、「もし、あなたが読者と共に、彼／彼女らの衝動（意識的であろうとなかろうと）のなかに、この世の自分自身の本当の生き方を見つけ出し、探究されず、見過ごされ、無視され、隠蔽された他の方法について知りたいならば[3]」、私たちを取り巻くヴェールによって曖昧にされている真正性を見極め、明確にし、また自分たちの欲求に沿う自由を確保する能力を高めるべく、社会学と文学が共に手を携えることが肝要である。

私は、対話のこの新しいシリーズを、あなたの新しい本のなかでの考察を称えて、『文学姉妹』（たとえ、タイトルが『文学を称賛して』となっても——そこでの意図は、私の当初の考えとそれほど違わない）と呼ぼうと思っていた。その狙いは、常に、文学によって育まれていた、あなたのこれまでの社会学的仕事全体の核心を要約することであった。そのタイトルはまた、私たちの友人が書いた2冊の本からも刺激を受けている。彼らは、私たちの存在や、経験を共有する時代の出来事を意味あるものにするうえで、文学がいかに重要なものかということを違った方法で示そうとした[4]。

私は、遠い昔に、マルセル・プルースト[1]の＜オイディープス＞に関する論文で大学を卒業し、ラカンと共に学ぶためにパリへ行きたいと思っていたので、もとのタイトルのアイデアが、ある程度は自分自身の好みから出ているのは当然であろう。私が自覚的に、社会を構

---

(3)　Zygmunt Bauman, Michael Hviid Jacobsen and Keith Tester, *What Use Is Sociology? Conversations with Michael Hviid Jacobsen and Keith Tester* (Polity, 2014), p. 19.（＝2016、伊藤茂訳『社会学の使い方』青土社）

(4)　Stefano Tani, *Lo schermo, l'Alzheimer, lo zombie: tre metafore del ventunesimo secolo* (Ombre corte, 2014), and Adolfo Fattori, *Sparire a se stessi: interogazioni sull'identità contemporanea* (Ipermedium Libri, 2013).

成している個々人を見失うことなしに、社会を見るという自分の見方を強めたのは、1990年代前半のあなたの仕事を知り、それらを好んで読むようになってからであった。

それゆえ、各分野の境界はとても厳格なものだが、主に物語の語り手として、精神分析や他の人間科学も活用する、あなたの啓蒙的な社会学的考察を、あなたには追い求めてもらいたい。

最も新しい本、『社会学の使い方[(5)]』で、あなたは最初の章から、リアリティを記述するために適切な言葉を用いることの重要性を強調している。たとえば、社会学を人間の経験との対話と捉える卓越した見方において、英語は＜経験＞を記述する二つの異なった単語がないので不都合であるとあなたは言う。ドイツ語にはそれがあって、経験の客観的な側面である＜経験＞（Erfahrung）と、その主観的側面を意味する＜体験＞（Erlebnis）である。

任務を果たすべく必要な想像力を持った社会学者の仕事は、個人的な経験の多くが、あたかもそれは独自のものに思えるが、実際は社会的に生み出され、変えられることができるということを理解するように、体験の幅を広げ、人々を自らの殻（マリオ・ルジ[2]の言葉を用いれば、「お椀のなかの船／自らの旋律のなかにいる」[(6)]）の外へと連れ出すことである（＜〜を目指して＞を＜〜のせいで＞に置き換える）。社会学者は、経験に同様の評価を与えることで、人々の視野を広げなければならない。このような客観的な経験は、クッツェー[3]が明言するように、神や歴史の精神によって創られたのではなく、私たち人間によって作られたものであるがゆえに、「より受け入れられるように壊したり、作り直したりできる[(7)]」市場のようなものである。これらの経験は、より適切で有効な役割を担うことで、それ自身変えられることができ

---

(5) Bauman et al., *What Use Is Sociology?*
(6) Mario Luzi, *Al fuoco della controversia* (Garzanti, 1978), p. 43.
(7) J. M. Coetzee, *Diary of a Bad Year* (Harvill Secker - imprint of Random House, 2007); *Diario di un anno difficile* (Einaudi, 2008), p. 121.

る。時には、すべてのことが、私たちの生や私たちを取り巻く世界を記述するものであった言葉の真正な解釈から導き出される。

　リキッド・モダンの世界において、言葉はますます抑圧された状況下にあるという印象を私は受けている。あなたが指摘するように、言葉はその語彙数が減りつつあるだけでなく、現在ますますコミュニケーションの支配的な手段になっている電子的メッセージにおいて短縮され、子音の系列に切り詰められている。しかし、完全な形で発音されている言葉でさえ、より狭い範囲のなかに押し込められ、感情快楽主義の下に選択されている。MTVやM20、DJテレビのような若者をターゲットにしたテレビのチャンネルに合わせると、最も印象的な視覚的側面は、政治的公正（ポリティカル・コレクト）を保つのを保証するべく、周到にエスニック集団の多様性を反映させた、男女の半裸体のイメージである。しかし、耳は数少ないキーとなる言葉の絶えざる繰り返しに見舞われる。すなわち、パーティー、ダンス、セックス、ドリンク、ナイト、ファンである。ポップ音楽は、一般大衆が容易く平凡な歌詞を理解できるように、常に愛（ラブ）、しかも多くは不幸な愛の表現の周りを回っている。今日の＜若者＞はテレビを見、その画面を観察するどんな宇宙人も、地球人は、気ままで華やかな狂乱のなかで、たいてい夜中に、ダンスをし、酔っ払い、セックスをする以外何もしていないと思うであろう。私たちの子どもたちの生活が不安定で、良い機会のないことを考えると、テレビが与える影響は、想像されるよりずっと悪いものであろう。それはまったく間違った方向に導くものである。

　若者たちの語彙（ボキャブラリー）は、同様に危険な病に侵されている。つまり、英語の知識がとても乏しい場合でさえ、誰もが歌え、理解できるように、ぎりぎりまで単純化された、出来合い（レディメイド）の言い回しの氾濫である。もしも、英語圏でないすべての人々が、＜コミュニケーションの言語＞になったものとして、基本的な言い回しを極めることができるというのであれば、それは確かに前向きな発展であろう。しかし、これらの

歌の歌詞の用語法は基礎的なものであり、それは極めて貧弱で短縮されたもので、ある種ゼロ度の言葉で表現する行為にならざるを得ない。それは、子どもの心のひだに浸透し、その想像力を侵略し、好みや選好を植民地化し、快楽の方向を示す、そのように企図（デザイン）された言葉で括られるほど単調なものである。現在は何か月もの間だが——ケイティ・ペリー[4]の＜Roar＞やジェームス・ブラント[5]の＜Bonfire Heart＞のような——新曲がリリースされるたびに、そのビデオは映像ではなく、歌詞だけを数週間流している。これは、誰もが素早く簡単に覚えられることを請け合い、カラオケに似た経験を提供している。彼／彼女らが一旦その歌詞を覚えてしまうと、ありふれた陽気な話し言葉の洪水は映像に道を譲ることになる。その映像には、ケイティ・ペリーの＜Roar＞では、様々な卑猥なふるまいや商業的な大胆さが含まれており、＜Bonfire Heart＞では、善良なオートバイ乗りが主役を演じている。これらの歌のメッセージの控えめで、感傷的な調子——あるいは他のケースでは、精力的で自由な愛の表現が見られるが——とは関わりなく、最も衝撃的なことは、言語の侵食、後退、希釈である。

　言語の過度な単純化は、ミラン・クンデラが1978年にチェコ語から翻訳した『笑いと忘却についての本[8]』のなかで、詩的に不満を述べたように、音楽の過度な単純化に影響する。作曲家は、大胆な方法で音楽を再考しようとしたシェーンベルクの創始した十二音技法に興奮させられていたが、現在作曲家は、無音であるというよりも、至る所に安っぽい音楽を際限なく注ぎ込み、創造的な荒廃を追い求めている。

　　シェーンベルクは死に、エリントンは死んだが、ギターは永遠である。紋切り型のハーモニー、平凡なメロディー、単調さを主張するリズム、これがこの音（サウンド）というものの永遠さにおいて、音楽に残された

---

(8)　イタリア語版、*Il libro del riso e dell'oblio* (Adelphi, 1991).

すべてである、皆が一緒に喜々として、＜私はここにいる＞と叫ぶよ
うなものなので、誰もが、音符のシンプルなコンビネーションによっ
て団結していると感じることができる。シンプルな存在の共有ほど、
口当たりの良い、匿名の親交はない。この世界で、アラブ人はユダヤ
人と、チェコ人はロシア人と踊ることができる。音符のリズムに合わ
せて体を動かし、存在の覚醒に酔う。ベートーベンの仕事が、ギター
にのせて次々にヒット曲を出すような、集合的な熱狂を受け入れない
のはこのためである[9]。

　それは言葉でも同じである。言葉は多くの無駄なスローガンになっ
ている。世界についての私たちの見方（ビジョン）を明確にするうえで、最も重要
な手段（メディア）が、受け手の考えを考慮せず、次第に衰退してしまうというの
は本当に恐ろしいことである。
　言語を偽りの、致命的な遊園地へと引きずり込むこの種のスパイラ
ル的な拘束から、私たちはどのようにして言語を解放できるのであろ
うか。

Z. B.　仮にそれがケイティ・ペリーであれ、マルセル・プルースト
であれ、意識の無意識的前提について触れるうえで欠かせないラカン
であれ――また、他のすべての読者や聞き手と共にある、あなたと私
であれ――私たち皆誰もが、見、見ようとし、見ていると信じている
ものは何でも、そしてその結果としてどんな行動をしようとも、それ
は言説に織り込まれている。
　「私たちは、水のなかで生きる魚のように、言説のなかで生きている」
――デイヴィッド・ロッジ[6]は彼の最も新しい小説[10]のなかで、英雄、

---

(9)　同上、p. 217.
(10)　David Lodge, *Deaf Sentence* (Penguin Books, 2009), p. 32.（＝2010、高儀進訳『ベイ
　ツ教授の受難』白水社）

デスモンド・ベイツの口を借りてそう言っている。彼は、多くの弱点があるが、ほぼ非の打ちどころのない知識を持った、ラングとパロール（フェルディナン・ド・ソシュールの造語、クロード・レヴィ＝ストロースによって精緻化された概念、それぞれ、言語システム、記号体系とその使用、発話行為を指す）の両方のセンスのある言語学者である。

　　法の体系は、言説から成り立っている。外交は言説から成る。偉大な世界宗教の信仰は言説から成っている。増大する識字能力および言語によるコミュニケーション──ラジオ、テレビ、インターネット、広告、放送、さらに本、雑誌、新聞──の拡大する世界において、言説は私たちの生活の非言語的側面さえもますます支配するようになった。

　実際、私たちは言説を食べ、言説を飲み、言説を見、「セックスでさえ、愛の小説やセックスのマニュアルの言説をなぞっている」とベイツは最終的に言う。ところでロッジは、彼が、今あげたベイツ教授による新入生歓迎の講演のなかに、「最も退屈で懐疑的な学生の注意を引く」ために、セックスに言及したと付け加えることで、「ポップ音楽は、常に愛の表現の周りを回っている［……］一般大衆が容易に平凡な歌詞を理解できるように」というあなたの見解を裏付けている。

　ロッジ／ベイツは、彼のその他の言語学の評価と同様、この点でも正しかった。実際、私たちは、言説によって形作られ、言説によって生きている。私たちを解放するのは言説であり、また、私たちの自由の限界を決めるのも──すでに決められた、ないしは将来決められるかもしれない──限界を破り超えるように急き立てるのも言説である。言説とは、それを作りつつ、それによって私たちが作られるものである。この世が、終わりのない──無限で永遠──の生成であるの

は、言説のためであり、それが描く自由の境界を越えて覗き見るという言説固有の衝動のためである。つまり、私たちの生成、この生活世界の生成、それは共生の生成、ジェル状ではないけれど混ぜ合わされたものであり、堅く解けることなく編まれ、自分たちそれぞれの成功や不幸を共有し、良かれ悪しかれお互いを結びつける——私たちを共にする受胎の瞬間から、私たちを別つ死まで——の生成である。

哲学的状況においては＜現実＞と呼べるもの、また、常識的な見方に従っているときには＜実際のところ＞と言われるものは、言葉によって織りなされている。他の現実というのは、私たちにとって近づくことができない。レオポルト・フォン・ランケ [7] が、19世紀の歴史家たちに取り戻すように主張し教えたように、＜実際に起こったものとして＞の過去は存在しない。ミラン・クンデラは、『出会い(11)』のなかでの、ファン・ゴイティソーロの老人の話についてのコメントで、伝記——その名前が暗示すべきものを表そうとしているどんな伝記も——は、断片的に記憶に詰め込まれた、一貫しないイメージの連鎖を回顧的に処理した、人工的で、考案されたロジックであり、それ以外ではあり得ないと指摘している。そして、彼は以下のように結論づける。常識的な考えに反して、過去と未来は、非現実という拭えぬ毒——過去も未来もそうするように、執拗にごまかしたり／回避したりするロジックによって作動する、言葉によって編まれたわなを共有している。しかも、この非現実は、＜水のなかの魚のように、言説のなかで生きている＞私たちが捉えることのできる唯一の現実なのである。

そのような非現実を、それはまた、非現実の現実なわけだが、私たちは＜経験＞と呼んでいる。私たちは、ある程度うまく行くに過ぎないが、経験（何が起きたか）という言説に潜む虚偽の疑いを、懸命にすっと通り越そうとする。私たちは、体験（そのような出来事をどのように

(11) Milan Kundera, *Une rencontre* (Folio, 2011). (＝2012、西永良成訳『出会い』河出書房新社)

乗り切ったか）という報告の際に、それについての疑惑や不安を認めざるを得ない。両方のケースで、私たちは、言葉でできた壁を貫いて、<実際に起こったこと>という、まともなやり方では近づくことのできない地平に、深く分け入る努力をしている。逆説的にだが、その壁は解釈である。つまり、解釈は、経験と体験を理解し、それによって両者を、記憶に貯蔵したり、要求に応じて報告したりするのに相応しく翻訳する。一方、私たちが、それらの価値についての疑念に基づいて行動するのを止めさせる。壁は言葉で造られており、その破壊のために使われる唯一の破城槌も言葉で造られている。クンデラの比喩を展開すると、現在引き裂かれたカーテンを突き抜けることは、他のカーテン、いまだ完全な、がっちりしていて、縫い目のない綿密なカーテンを露わにする。解釈は常に再解釈の行為である。すなわち、再解釈は常にもう一つの再解釈への足掛かりである。経験に基づく後天的な<現実（リアリティ）>と同様、先見的と私たちが呼ぶものも、それ以前の解釈という装いのなかに私たちを送り届けることができるだけである。<生の>、<手つかずの>、<純粋な>、<本当の>リアリティ——実に形の崩れてない<実際に起こったこと>である——リアリティは、それはまた言語的な完全性への道であり、それゆえ希望的に、真実への道を私たちに示すベツレヘムの星の役割を果たす限り役に立つものであるが、言語の際立った不完全性によって、繰り返しいらつかされる幻影である。選ばれた目的地には到達できないかもしれないが、その展望（ビジョン）は私たちを突き動かし、移動させ続ける。

　人間の経験は、すでに事前に解釈された形において似たものとして、物書きや社会学者の作業台（ワークベンチ）の上に置かれる。文学と社会学は<二次的な解釈学>——すでに解釈されたものの再解釈を行う。それゆえ両者は、解釈のカーテンが引き裂かれる、隠れた縫い目を追いかける必要がある。そして、どちらも、現在ばらばらになっているカーテンの背後に、隠れたカーテンが露わになるのを避けることはできない。実際、

私たちは、あなたが言うように、＜二人姉妹＞である。私は、もう一歩踏み込んで、文学と社会学は、単なる普通の姉妹ではなく、体が繋がった双子（シャム双生児）だと言いたい——そして、そのような双子は、養分を摂取し、消化する器官を共有しているために、外科的に分離することができない。姉妹として、私たちは、＜兄弟の競争＞に関わることになる。しかしながら、シャム双生児の姉妹として、私たちは、行く手を大きく分かつまでには至らないようにする義務があり、同じ企てを共有し、私たちの動きを調整する運命にある。私たちの課業を共有するには、私たちの関心も共有しなければならない。同じ問題に面と向かうことを強いられるのを避けることはできない。私たちが共有している問題に関して、つまり、どんな解釈も最終的なものではなく、また、解釈によって立つ基盤がずっと脆弱なままに思えるために、解釈というのは、極めて混乱し、理解しがたい傾向にあり、論争が生じない解というのは全くありそうもない。人間の経験の解釈は、めったに無害なものではあり得ない。つまり、人間の利害に関して中立的ではなく、人間の行動に影響しないということはない。解釈は、歓迎されない副作用や巻き添えの被害を及ぼすことに対して、もしあったとしても信頼のおける保証はない。その理由のために、解釈は憤慨されるかもしれないし——実際、多くが頻繁に憤慨され、明確に拒絶され、思い留まらせる——どんなに強くとも、その信任状は、常識的な素人の知識によってであろうと、超個性、科学的勇気、価値自由の権威のために、優っていると主張する知識によってであろうと、経験的証拠の下にあるはずである。共有された問題への提示された解決策は、アルフレッド・ノース・ホワイトヘッド [8] が＜本質的に競争＞状態と呼ぶものに間違いなく留まらざるを得ない。疑いなく、広く認められた権威というものは、文学にしろ、社会学にしろ、原則的に存在しない。これは、この世の人間、大方の人間的様式の探究への二つのアプローチの間の＜選択的同族性＞、あるいは親和性のもう一

つの側面である。

　実際、利害にとらわれないことや価値中立性、それは人間、大方の人間の利害や物の見方の対立や敵意に依存しないという状態であるが、それは明らかに、文学と社会学どちらの範囲も超えている。この扱いづらい真理を避けようとなされた、最も一般的な策略（芸術的な生産物、それがデザインやデフォルトによる、社会的、政治的、あるいはまた、他のどんな人間的結果を生み出そうと、審美的な質が評価されるべき唯一の価値であるという主張——文学の場合、一方、社会的現実<ruby>提示<rt>リアリティ</rt></ruby>が評価される唯一の基準は、著者が確立され専門的に承認された研究の方法に、いかに厳格に従っているかであるという主張——社会学の場合）は、自分たちの行為の結果に対する責任を逃れられるように、罪意識を抑え、また無罪を主張するのを助けるかもしれないが——でもなお、彼／彼女らの創り出したものにおける、おそらく予期されない、しかもやはり深く傷つけ、健全でない結果への本当（大方本当）の恐ろしさに対する、文学と社会学両者の努力を保証するものではなく、問題をうやむやにし、その解決策はとても難しく——実際、得ることができないものと見なす。これまで受容され、体系的に適用されてきた、公的な議題（見方や意見の自由な表現とその奨励を、普遍的な人権の不可分の部分として宣言すること、またその反対に、寛容性の敵に対する寛容の拒絶）から、問題を確実に取り除くと思われる公的な対応を策定し、推進する両者の試みは、作者や著者、およびそれに従う人々を終わりなき対立の連鎖に巻き込む。すなわち、彼／彼女らは、実践的適用を試みるたびに、本質的に争いの対象とされ、事実上解決の難しい問題のパンドラの箱——各自が、自分自身のものを持っているのだが——を開くことになる。

　ヘザー・マクロビー^[9]が、ゼロ・ブックスによって出版された彼女の本『文学の自由』のなかで書いたように、「2009年4月、迫害された物書きのため、また表現の自由を擁護するために働く組織、<ペ

ン・スロヴァキア＞は、ラドヴァン・カラジッチ[10]の詩をスロヴァ
キアの雑誌に載せることを非難する声明を公にした[(12)]」。マクロビー
は、それがお互いに矛盾していようが、両方の方針に妥当な正当性が
あり、それが同時に展開される必要があることを指摘している。

　　　もしも私たちが、物書き（表現者）と社会との関係を共生的な関係
　　として概念化するならば、＜社会から物書きを護る＞（すなわち、オー
　　ウェルによって概要が示された、検閲とある種の自己検閲の両方から物書
　　きを護ること）必要性の反対は、物書きの仕事が、不利益を被ってい
　　る集団へ明白なダメージを与える場合——すなわち文字通りのヘイ
　　ト・スピーチの場合には、＜物書きから社会を護る＞ことであろう。

ラドヴァン・カラジッチは、人種的憎悪の扇動という罪を犯してい
るし、より一般的には、「武力化され、儀式化された暴力、純化、浄
化、および民族的優越性に関する想像を圧倒的なものとする罪を犯し
ている」——そのことは、彼の詩が＜ヘイト・スピーチ＞であると判
断する根拠となっている。しかし彼の場合、＜ヘイト・スピーチ＞は
憎悪に満ちた血だらけの行為と結びついている。パヴェウ・パヴリコ
フスキ監督のドキュメンタリー（セルビアの叙事詩、1992）では、丘
の上のカラジッチが、サラエボを攻撃しつつ、自分の詩を朗読してい
る。そのような場合に、両方の方針（表現の自由と非寛容の拒絶）を適
用できるであろうか。あるいは、私たちはそれが両立不可能なことを
認め、それが対立した場合、どちらかを優先すべきなのであろうか。
マクロビーは、＜ヘイト・スピーチ＞のみ、明らかな＜人種憎悪やジェ
ノサイドへの扇動＞のみが、普遍的な表現の自由の権利を棚上げする
正当な場合であり、さらに、多くのケースを、＜文脈拘束的＞に正当

---

(12)　www.opendemocracy.net/5050/heather-mcrobie/what-should-we-do-about-radovan-
　　karadzic-poetry? 参照。

（あるいは正当でない）と判断することを主張するが、それは問題のジレンマの大きさを軽視している。つまり、「文脈という考え方は、私たちのヘイト・スピーチの定義に修正を認めることになる。たとえ、私たちが超愛国主義的で全体主義的なアートを検閲することを支持しても、私たちは、すべてのコンテクストにおいて、それを検閲する必要はないということを意味する」。それでは、どこにその線が引かれるべきなのであろうか。そして、誰にその線を引く権限があるのであろうか。さらに、誰がその根拠を示し、誰がなぜ、その権利を与えるのであろうか、あるいはまた、線引きの権利を否定するのであろうか。実に、パンドラの箱は全くの底なし沼なのである。

　たとえば、クイーンズランド大学公共政策の教授、キャサリン・ゲルバーは、彼女の論文「われわれは自由を当たり前と考えるべきではない」で以下のように言っている。

　　　非常に一般的なレベルで、オーストラリア人は、言論の自由が重要であると考え、そして言論の自由があると思っていると言うであろう。でも、表面を剥いでみると、合意は崩壊し、それもかなり簡単に壊れてしまう。人々は、それが重要な場面、政治的、共同的議論の矢面で、言論の自由の権利を進んで踏みにじる。このような例がたくさん見られるのである[13]。

　実際のところ、＜ヘイト・スピーチ＞は言論の自由を侵す理由のなかでは、相対的に稀で周辺的な事例であることに留意しよう。それよりもずっと一般的で、人間の自由に対して潜在的により害があるのは——それが直接的というより遠回しであるとしても——SLAPP訴訟（社会参加に対する戦略的訴訟）である。つまり、「企業が、名誉棄損で

---

[13]　www.smh.com.au/action/printArticle?id=2774200. 参照。

民事訴訟を起こした場合、企業の活動に反対する個人や集団のキャンペーンに対する無視や妨害である」。それらの企業には、「資金力があり、自由になる時間がある。彼らは初めには、時には何億という、大変大きな打撃を被ったと主張する傾向がある。このような訴訟は、多くは資金力のない、個人や集団の被害の訴えが勝つためのものではなく、運動家の主張を阻止するために計画されている(14)」。

　見てきたように、＜物書きから社会を護る＞という場合、極めて注目に値する重要な問題が提起される。その問題では、どんなにメディアによって人目を引くようにドラマ化されていようと、また、どんなに公共的場面への着目、それゆえ公衆の注目を得るアクセスが特権化されていようと、公共善と個人の自由との間の対立の個人／期限限定の事例がそれほど問題なのではない——社会的結束、相互寛容と連帯、市民的共生、および人間の多様性の受容を潜在的に踏みにじる考えによって、隠蔽され、内密に、何度もトーンダウンされ、カモフラージュされて、明らかに悪気なく、目立たずに、大衆の熱気（モラール）の多くが徐々に蝕まれる（また、より多いことで軽視される）のが問題なのである。また、次のように言える。インターネットや誰もがアクセスできる情報技術、それがユーザーの匿名性の免責補償と相まって、それによって提供される公的領域への安易で、管理されないアクセスという環境下で、そのような病から社会を有効に保護するというのは、ますます非現実的な考えになる。そのような対策を考えることができ、また有効だと言うのは、公的領域へ接近できる数少ない入口を守る門番が、まだいた時代の名残である。公的領域は、公的な議論がますます電子的に行われ、何でもあり、手当たり次第の領域（ゾーン）になるにつれて、一層幻覚的になる。大規模な新聞社、ラジオやテレビ会社の選択するやり方にとらわれずに、公衆の意見を形成することにアクセスする権利を与

(14)　同上。

えることは、制約のない表現の自由（社会から物書きを護る）のための戦いにおける、大いなる前進の一歩になる可能性もあるが、他方でそれは、＜ヘイト・スピーチ＞、その拡散や日常化、その大衆の受容やその恐ろしい、大方ぞっとする、さらに絶望的な企ての影響から社会を護ることになる。

　1975年2月8日、スーザン・ソンタグ[11]は、"New York Review of Books"に繰り返し読まれる価値のある論文を掲載した。ソンタグが警告したすべての現象が、40年前に著者に提示されたのと同様に——そのとき以上ではないかもしれないが——顕著に、生き生きと時の問題として今日まで生き続けている[15]。その論文を書く直接的なきっかけは、熱心なナチ協力者で、ヒットラーとゲッベルスの個人的な友人でありその称賛者、また欲望をほしいままにした監視者でもあったレニ・リーフェンシュタール[12]の、多くの点で不可思議な突然の復権であり、アメリカ人——アメリカ人ばかりか——知的サロンにおいて、彼女が好意的に、称賛されて復活したことであった。ソンタグは、忘れっぽい読者に、リーフェンシュタールは、偶然、誤った親交に迷い込んでしまった純真無垢な芸術家（レーニンに、彼が称賛した劇作家、G. B. ショウのことを、彼がその政治を嫌ったフェービアン協会に迷い込んだまともな男、と言わせたのと同様の不幸の犠牲者）ではなく、実際、文字通りのナチの仲間であったことを思い起こさせる。ジークフリート・クラカウワ[13]は、ナチが権力を掌握する以前の彼女のフィルム制作を、＜初期ナチ感情のアンソロジー＞と正しく表現している。ソンタグは、その理由のなかに、マーティン・ハイデガー、カール・シュミット、実にフリードリッヒ・ニーチェの同時的な復権を警戒することを含めることができたと私は思う。つまり、彼ら三人の思想と行為に対して、リーフェンシュタールの全作品がそうであったように、ク

---

(15)　Susan Sontag, 'Fascinating Fascism', *The Last of the Nuba* by Leni Riefenstahl and *SS Regalia* by Jack Pia, *New York Review of Books*, 1975年2月8日の批評。

ラカウワの公式が完全に当てはまる。リーフェンシュタールがなぜ不可思議な復活を遂げたのか、その冷徹で、怯ませるような原因にソンタグは言及している。「リーフェンシュタールの映画は、他にも理由はあるが、その情熱がなお感じられ、その内容が多くの者が執着し続けているロマンチックな理想であるがゆえに、今もなお影響力がある」と。

　　　一般に、国家社会主義は、ただ野蛮や恐怖を表すものと思われているが、それは間違っている。国家社会主義、より広く、全体主義（ファッシズム）は、また理想をも物語っている。そして、その理想は、他の旗印の下で、今日まで強固に生き続けている。つまり、それは、芸術としての生、美の崇拝（カルト）、勇気のフェティシズム、うっとりするコミュニティ感情といったものによる疎外の解決という理想である。

「ナチ・イデオロギーのより大きなテーマ」の一つは、それはリーフェンシュタールの創作の精神と雰囲気に（付け加えれば、今の時代のメディアと消費者市場によってけしかけられ強化され、ますます人々に受け入れられる考え方とも）良く響き合うのだが、「清潔と不純、高潔さと不潔、身体と心、快楽と危機との間のコントラスト」であった。彼女自身、リーフェンシュタールは、『カイエ・デュ・シネマ』のインタビューで、「私は、美しく、強く、健康的なもの、生き生きしているものに魅了される。私は調和（ハーモニー）を追い求めている」と述べている。私たちも皆、そうではないのか？

　しかしながら、私は、＜初期ナチ感情のアンソロジー＞のなかに見られる価値と崇拝のリストから、極めて重要なものが欠落していると思う。つまり、それは、暴力や闘争、戦争を不思議なくらい高尚にし、再び活気づけ、再生する権力である。ナチズムは、野蛮や恐怖のみを表すものではないというのはその通りであるが、暴力的恐怖の無罪放

免が、蔑まれ、脅され、よりどころのない、無能な、復讐心のある大衆を今の地位に留めておく主要な——おそらくは第一の——アトラクションの一つであったのは疑いのないことである。

　私たちの一卵性双生児の姉妹は、恐ろしく驚くばかりの課題を手にしている。現在広がっている象徴的暴力は、どんなに非道徳的で残酷なものでも、前世紀に支配的であったものよりかは、望ましい方向に進歩していると、私たちは度々自分たちを慰めている。何人かの心理学者は、その慰めの保証に、暴力のイメージを露呈することは、暴力を強化するよりも（相対的に害のない形で）軽減すると主張する。それは、どんな理由であれ、時を経て蓄積される攻撃的な衝動、それは肉感的で血だらけの爆発を恐れさせるが——いまだ使われていない攻撃の備えを、集合的に解き放つ機会を提供する（たとえば、近頃のワールド・カップにおけるように、ガス抜きされた大衆を、日頃はおとなしく従順にさせておくための、古代ローマの＜パンとサーカス＞の秘訣のレシピような、＜敵か味方か＞の剣闘士の戦いの祝祭的なカーニバル）。私は、あからさまな肉体的暴力の見世物を、息を殺して見る大勢の人々の一人になった——押したり引いたり、お互いつまずかせたり——抜け目なく知らん振りしたり、間違った言いがかりへの怒りを露わにしたり、そういったことが相も変わらず、コメディによって続けられている。私は、ノックアウトの長寿シリーズ番組、ノックアウトすることの喜びとノックアウトされた人の屈辱を楽しむ人々の一員になった。そして、世界中のテレビから流れる多くのメッセージは、先に見た慰めの保証とはなっていないことが分かった。そこでの最も明確なメッセージは、無意識の監獄にしっかりと閉じ込められるように、また、生き方の指南者の道具箱のなかにその方法を見つけるように、「もしも、自分が首尾よく害を逃れ、いかなる罰も避けることができるなら、何でもあり」というようなことであった。力強く、陰湿な授業は実に、生涯学レッスン習の授業ではないけれど、広く浸透するように訴えかけてくる。日々

私たちが形作り、またそれによって私たちが形作られる世界を、レッスンが示唆する生き方の戦術の基準で判断することがないように、未然に防がなければならない。

　地球の既知の部分を＜敵か味方か＞へと分割することは、私はそれよりもずっと以前のものだと思うけれど、少なくとも人類と同じくらい古い。しかし、誰が＜味方＞で、誰が＜敵＞なのかというのは、概して、系譜としてずっと新しいことであり、それは、耐久性のある自然の素材の、期間が決められ文化的再生<ruby>リサイクリング</ruby>の産物である。最も最近見られた特定のリサイクルされた産物として、ワールド・カップのために建てられたブラジルの競技場における2014年の出来事が思い浮かぶ。その他、私がすでにどこかで説明したように、宗教戦争が次第に血だらけの、大虐殺になる一方で、終わりなきものに見えたものを終わらせる考えを示した、1555年のアウクスブルクの出来事[14]。1648年、ミュンスターとオスナブリュックで成立し、その折、＜領土の属する者に、宗教も属する＞（信仰属地主義）と命名された出来事[15]。後の200年後、＜宗教＞によって立ち退かされた場所に、＜国民国家＞を押し込むことで、少し変わった名のもと、＜諸国民の春＞として歴史に刻まれた出来事。それは、30年間にわたる地球規模での国民の大虐殺の間に召集された、ベルサイユ平和会議を仕切った、ウッドロー・ウィルソン[16]によって、地球規模のものになった。ほぼ100年後、それは、地球規模のテレビ・ネットワークによって、地球規模のエンターテインメントとして再生された。四世紀の長きにおよぶ、＜敵か味方か＞の分割の特定の文化的再生の物語は、それは騒音と狂暴に満ち溢れた話だが、どのように終わろうとしているのであろうか。大きな音を立てずに、弱々しくであろうか。あるいはおそらく、いまだ完全に燃え尽きていない悪事の力でもって、その特定の文化的産物は、＜敵＞のサッカー選手の足や肋骨を折ることでは妥協できずに、夥しい数の死んだ兵士や、多くの未亡人や孤児で象徴される

ような、現在までに行ってきたことを止めないのではないか。おそらく、私たちが目にするものは、感情を無にし続ける訓練、世界的スタジアムの代わりに、世界規模での戦場で、大きな戦いをするための演習なのではないか。

第2章

文学による救済

R. M.　私は昨日の午前中、著作家、エラルド・アフィナティ^[1]に会いに行った。彼の新しい本は『落第生称賛⁽¹⁾』で、それは、あなたが『コラテラル・ダメージ（巻き添えの被害）⁽²⁾』の序文に書いたことを思い起こさせた。そこでの基本的なテーマは、透明性ある武装解除であった。あなたは何度も、私たちのすぐ目の前にあるものが、いかにしばしば気づかれないのかということに言及した。そこであなたは、次のように書いた。

> 電気回路に過剰な負担がかかると、最初に破綻する箇所がヒューズである。［……］それは回路のなかで最も抵抗の少ない部分［……］橋は破綻することはないが、その複数の支間の平均強度を上回る荷重がかかると崩壊する。そして、最も脆弱な支間にその支持力を上回る荷重がかかると、最も早く崩落してしまう⁽³⁾。

あなたは、なぜエンジニアやメンテナンスの作業員が設計や検証の

---

(1)　Erald Affinati, *Elogio del ripetente* (Mondadori, 2013).
(2)　Zygmunt Bauman, *Collateral Damage: Social Inequalities in a Global Age* (Polity, 2011).（= 2011、伊藤茂訳『コラテラル・ダメージ——グローバル時代の巻き添え被害』青土社）
(3)　同上、p. 1.

段階で、注意深く正確でなければならないのかを説明している。それは、不注意は「事故が起こったあと」でのみ分かるからである。「そのとき、無視された人間の犠牲者の数や復興の法外な財政費を認識することになる。しかしながら、そのような構造をみせるのが……社会なのである[(4)]」。

平均所得や消費のみをベースにした変数で計測される社会は、資格を剥奪されたアンダークラスの人々を、傍観者としての生に貶める。すなわち、彼／彼女らは「異質なものである［……］。それは癌のように成長するものなので、その最も賢明な治療法は摘出であり、それが行われないと、強制送還や監禁の対象になる[(5)]」。

リチャード・セネット[2]が彼の著書『一緒に[(6)]』に書いたように、この＜巻き添えの被害＞の多く――これらの貧しい人たち――は、学校ですでに使い捨て要員であることを深く認識し、したがって、学校あるいは社会で成功するために、不良グループへ加入しがちである。これらの不遇な人々が、アフィナティの著作における主要な登場人物である。彼はイタリアでは有名で、外国語に翻訳されている（ただし、英語には訳されていないが）。

彼は、教えていた＜普通科＞の中学校から、アカデミックな体系からは一歩排除された生徒が学ぶ、とても難しい環境の職業学校への転職を選択した。それはあたかも彼が、「＜コラテラリティ＞（周辺性、外部性、廃棄可能性、政治的な議題のなかでも正当でない部分）の立場にまで格下げされた、増大する社会的不平等と高まる人間の苦しみの危険な合成物が、人間が今世紀に直面し、対処し、解決するよう強いられている多くの問題のなかでも、最も悲惨なものである[(7)]」というあ

---

(4)　同上、p. 2.
(5)　同上、p. 3.
(6)　Richard Sennett, *Together: The Rituals, Pleasures and Politics of Cooperation* (Yale University Press, 2012).
(7)　Bauman, *Collateral damage*, p. 9.

なたの警告に従った教えの真髄を捉えているようである。

アフィナティは、不平等は公正でないと強く感じている。彼は、学校は均一に適用される及第点において、官僚制化されていると心底認識している。これは極めて不公平なことである。つまり、童話を読み聞かせ、本や愛情や配慮に囲まれて育った良い家庭の生徒の及第点は、親が離婚し、子どもをほったらかしにし、方言を使い、文化的に劣った悪例である、すべてにおいて必死で戦わねばならない子どもの及第点よりもずっと楽に達成できるものである。これが、アフィナティが他の良い先生と一緒に、最も弱い者、最も無防備で、最も剥奪されている者のために働くことを選んだ理由である。ある種の失敗という運命を避けるために、何度も落第しなければならない生徒に必要なことは、ちょっとした変化であり、踏み出す一歩であり、別のやり方があるという考え方である。すなわち、「底辺から出発する者は誰もが、上昇し始めるためのちょっとした手助けを必要としている。彼／彼女らは、しばしばちょっとした変化をも拒絶するが、そのことは私たちが、なぜ極めて小さな改善でさえも認めなければならないかの理由である。確かに落第生は、自分のストーリーに満足していない［……］。結果が目に見えないうちにでさえ、その行動にご褒美を与える必要がある[8]」。

アフィナティは、無学な孤児であった両親（母は、収容所の奇跡の生き残りで、父は、街頭の呼び売り商人）の息子で、それゆえ彼は、市場の売店で安い本を買って、独りで文学に喜びを見出した。彼は、ヘミングウェイから読み始め、ヘミングウェイからは冒険のスリルを得、それからトルストイとドストエフスキーに魅了された。彼は、自分は幸運だったと思うが、考えることなしに（その結果、自由に判断をすることができずに）人生を運命づけられている少年や少女のことを考え

---

(8) Affinati, *Elogio del ripetente*, pp. 12-13.

ざるを得ない。そして、彼／彼女らのために親身になって行動する者がいることが、いかに重要なことかを理解している。

　　先生は、内なる冒険家、時間の職人、若者へのカードを配る専門家である。教えることがうまくできれば、生徒は、内にこもり、ドラマーがベースのビートで、自分の存在を示し続けるように、常に教わったことを思い出す。そして、生徒は決して先生を忘れない。彼らは、先生をあたかも父親の代役のように記憶に留めている。つまり、主人公に代わって、危険な場面を演じるスタントマンとして。＜ノー＞と言うことは、承認ということと必ずしも一致しないが、時には、＜イエス＞と言い続けるよりも重要なことである。今日、子どもたちは、対立のない、打ち勝つ障害物のないところに置かれている。先生は、美や健康、富を重視する社会において、真面目さ、厳しさ、集中することの重要さを彼／彼女らに思い起こさせることのできる唯一の人物なのである[9]。

　自分の生徒に、彼／彼女らの環境のなかで、本を好きになるように吹き込むことは、時代錯誤の極めて馬鹿々々しい行為で、それに向けて努力するのは、誰もが常識から外れていることのように感じる。それは、とてもつらく、貧しい生徒であるロレンツィーノがそうであったように、不愉快で、たいていは酷い状況でなされねばならない。

　　彼／彼女の初めての読書体験は、南極大陸で火を起こすようなことであり、それは暖かくもなく、親しみを感じることもなく、すぐに自分一人を残して燃え尽きてしまう。誰とも共有できずに、あたかも地球上でそうする初めての人間のように小説と向き合う。小説というの

---

(9)　同上、p. 25.

は、落第している生徒が、あることを確かめるために、度々それに触れるポケットのなかのダイヤモンドの原石のようなものである。それについて友達と話すことはしない⁽¹⁰⁾。

啓蒙というのは、人物や経験を 識　別^{アイデンティファイ}することができるようになった後に生じるものである。笑顔が読書への嫌悪感と同じぐらい大きかった、ポーランド人の少女ソニアに起こったように。彼女の先生が『コリマ物語』の一つ、偉大なロシアの作家、ヴァルラーム・シャラーモフの『大工』を読んでいるのを聴き、グラーグ収容所^[3]に収監された人たちが、いかに寒かったかを正確に測ろうとしていた経験談を聞いて、ソニアは戦争中、常に足が凍りついていたという祖父のことを思い出した。

仲介する者は、生徒と一丸となって取り組み、全員で手を汚し、身体をはるかもしれない喧嘩のリスクをも受け入れるように、生徒を客体としてではなく主体として扱う用意ができていなければならない。ちょうど、混乱に陥って罵倒しているクラスと直面したとき、直ちに張本人と対峙したアフィナティのように、また、ブエノスアイレスで大司教であったとき、スラムとして知られる貧民街に一人で、徒歩で人知れず訪れ、人々と雑談を交わしたフランシスコ教皇のように。

　　ラモン・アントニオ・ガルシアは、ブエノスアイレスにおける大勢の無名の人々の一人である。彼は、呼ばれればタクシーにもなる、おんぼろ車を運転して生計を立てている。都市の周辺のスラム地区を旅してみたという稀有な冒険家にサービスを提供している [……]。その多くは、この大都市の最も厳しく、人目につかない地域を見て回りたいというジャーナリストや旅行者である。独りでそこに入るには危

---

(10)　同上、p. 50.

険すぎるので、ガルシアを呼ぶ。「なぜなら、ここでは、人生はほとんど価値のないもので、多くのお金と引き換えに、人殺しさえする気のある者が常に存在している」と彼は言う。それが、ベルゴグリオ（フランシスコ教皇）に会ったときに、黙って立ち去った理由であった。彼は、ブエノスアイレスの枢機卿の大司教が、そのようなことを行っていたとはその当時は知らなかった[11]。

　フランシスコ教皇は、先生でもあった。1970年代に、大学で教えていて、隠れてビートルズの曲を演奏するバンドを作っていた。そして、そこで企画されるライブ・イベントに参加する機会を女性たちに与えていた。彼はまた、ホルヘ・ルイス・ボルヘス[4]と一緒に、創造的ライティングのコースを始めていた。それは、いかに文学が実際に救済の道になり得るのかを示すものである。

Z. B.　「先生は、内なる冒険家、時間の職人、若者へのカードを配る専門家である」。何とうまい表現であろう。何と生き生きとしていて、また正確なことであろうか。実に、的を射た言い方である。

　でも、先生が配るカードとは何であろうか。それは、アマルティア・セン[5]やマーサ・ヌスバウム[6]が言うような＜能力＞のことであろう[12]。つまり、上品で高貴な、生産的で満足させる人生の必要、かつおそらく十分な条件を形作るスキルや傾向である──とりわけ感受性（世界の情景や響きに、世界が提供できるものに、そこに宿る他者に、彼／彼女らが提供できるかもしれないものに、彼／彼女らが約束を果たすのに必要なものへと広く開かれた眼と耳）のようなもの、また、想像力と

(11)　Paolo Rodari, 'A Villa Miseria dove abitano gli amici del Papa', *La Repubblica*, 2 March 2014, p. 32.
(12)　Martha Nussbaum and Amartya Sen, *The Quality of Life* (Oxford University Press, 1993).（＝2006、竹友安彦監修・水谷めぐみ訳『クオリティー・オブ・ライフ──豊かさの本質とは』里文出版）、参照。

思考（とりわけ、その両方を展開する能力、選択肢を見分け、それを選択する能力、また、そのような選択を保持し、行動を起こし、その本質を見極める能力）、感情（他者を愛し配慮する能力、一方で、無関心、軽蔑や悪事、侮り、尊厳の否定と屈辱という悪徳を憤り、それと戦うこと）、実践的な理性（良い生き方のモデルを可視化する能力、また、その探究に向けて自らの生に専念するための方策を収集する能力）、社会性と人付き合いのスキルと意志（他者と共に生きる、また他者の幸福を念頭に置いて、自らの生を生きるのに必要なノウハウ──お互いの要求や価値、態度を理解しようとする願望や意志、またお互いの満足のいく生活態度を取り決め、そのような態度が要求する自己の抑制や自己犠牲を受け入れる準備）である。

社会の＜最も弱い環<ruby>＞<rt>ウィーケスト・リンク</rt></ruby>、それは、これと同じタイトルの人気のテレビ・クイズ番組が、ゲームへの参加資格がなく除外し排除することを、常連の視聴者に勧める類の人々なのである。それは、また、アフィニティが教えることを選んだような人たちであり、すでに述べたような能力が乏しく、社会参加のための機会がない人たちである。それゆえ、＜能力総体<ruby><rt>メタ・ケイパビィティ</rt></ruby>＞を欠いている。つまり、他者にアクセスする能力の欠如であり、そのような他者にアクセスすることへの願望それ自体を欠いている。多くの場合、そのような＜最も弱い環＞の人たちは、自分たちの失っているものに気づいていない。逃した経験の価値を評価する機会がないのである。彼／彼女らが、この鈍感な神経の、薄情な消費者社会のテレビから、また＜貧困地域＞（彼／彼女らが押し込められ、居住が許される唯一の空間）の他の住民──放送される誘惑的な音楽にすでに唆されている──から見聞きするのは、欲しい、欲しい、買う、買う、捨てる、捨てるといったメッセージだけなのである。つまり、招待、誘惑、狡猾、命令が渾然一体となったものなのである。3年前、ロンドンの貧困地区ルイシャムにおける、虐げられ、欲求不満の、憤慨した＜歪んだ消費者＞による、記憶に残る暴動の直後に

私が書いたように[13]。

　　ゆりかごから墓場まで、私たちは皆、店舗を自分たちの生活や人々に共通した生活の病や苦しみを癒す、あるいは少なくとも緩和する薬を品揃えした薬局として扱うように訓練されている。それによって店舗や買い物〔ショッピング〕は、完全に、また真に終末論の様相を帯びる。スーパーマーケットは、ジョージ・リッツァ[7]が見事に表現したように、私たちの殿堂である［……］我買う、ゆえに我あり。買うか買わないか、それが問題だ。［……］消費の殿堂によって、呪われ、欠陥を見出され、追い出された者にとって、それらは追放の地に建てられた敵の前哨基地である。それらの重厚にガードされた要塞は、その他の人々を同様の運命から護るべく、商品へのアクセスを遮断する［……］入り口や内部に隠された、鋼鉄のグレーチングやブラインド、監視カメラ、守衛は、戦場の雰囲気を醸し出し、起こりつつある敵意を増大させるだけである。

　来る日も来る日も、消費者殿堂の鐘楼の鐘の音は、大きく、朗々と響き渡る。耳を塞いでも無駄である。耳をつんざくような騒音を防ぐものは何もない。鐘を鳴らす人は、特にえり好みをしているわけではない――様々な地位の人を巡礼者として引き寄せることを意図し、それを望んでいる（おそらく、唯一の平等性を、差別なく、誠心誠意、私たちの消費者社会のすべての住人に与える）。しかし、殿堂の内部には祭壇もないし、センやヌスバウムの言う能力の栄光へ捧げるちょっとした数珠さえもない。能力のない探究（巡礼）者は、＜入らんとする者は、すべて希望を捨てよ＞なのだが、殿堂を訪れ、殿堂への入場許可を得る困難な努力を決して諦めない。殿堂を訪れることは義務であ

[13]　www.social-europe.eu/2011/08/the-london-riots-on-comsumerism-coming-home-to-roost.

34

り、人が取り上げたり、取り上げなかったりすることができる自由な権利ではない。消費者としての任務を果たせず、審査に落ちれば、店主や店が雇った守衛に入店を拒否されるかもしれないが、誰も店が独自に提供するサービスから撤退する権利はない。アフィニティが教えることを選んだ生徒たちは、消費者の殿堂の異端者であった――自分自身の選択ではなく、殿堂の威厳を監督している異端審問の宣告によるものであったが。

1951年のヴィットリオ・デ・シーカ[8]の見事な映画『ミラノの奇蹟』のなかで、高齢で、思慮深い、心優しい女性、ロロッタは、キャベツ畑で幼いトトを見つけ、孤児院に預ける。18歳の誕生日に、トトは孤児院を出て、ミラノ近郊の荒れ果て、今にも崩れそうな、惨めな場所に孤立したホームレス、極貧の不法占拠者（スクワッター）になった。ロロッタは、彼に素晴らしい贈り物をあげる。それは、人が望むどんな願いも叶えることのできる魔法のハトであった。トト――心優しい思いやりのある人物――は、惨めな仲間たちに、彼らの望みを伝えに来るように誘う。しかし、その後に起こったのは、人を出し抜く、激しく容赦のない競争（他の人によって得られた得点以上の点を取ること）という好ましくない光景であった。つまり、それぞれの者が、前の人がちょっと前にもらっていたよりも、毛皮のコートを一つ、二つ多く要求するか、倍のお金を要求する。他の人が何を得ようが、自分はそれ以上のものが欲しいのである。その場所で偶然に、多くの石油の貯蔵が発見されたとき、不法占拠者たちは、油井のための場所を確保するために、駆り集められ、逮捕され、投獄されてしまう。そのとき、物語に、本当の――そして最後の――奇蹟、これまでのなかで最も奇蹟的なことが起こる。投獄を避けるために、同時に――欲求不満――で幸せになることを妨げる自分自身の貪欲さを逃れるべく、不法占拠者たちは、広場の掃除人から借りたほうきに跨り、飛んで行ってしまう。どこへ？目的地を見つけることや、そこに至る手段といったことが、この奇蹟

の最も難しい部分なのであった。

　現在、社会に広まっている期待は、能力の獲得や習熟、発展とは反対のことになっているのはほぼ間違いないことである。そのような能力の保持は、それを使う能力と相まって、センやヌスバウムが説得的に論じているように、人間の生を尊厳のあるものにし、満足なものにするのに不可欠なものである。その期待はまた、能力の平等な配分ということにも反している。そのような特定の財の極めて不平等な配分は、現在、その他の次元の社会的不平等の根底に横たわっていると言える。あなたの言う理想的な先生が配るべき、あるいは配りたいカードは、極めて不足しているのである。しかし、能力のような財は、その性質上、需要と供給のゲームからは除外されるべきものであった。つまり、結局そのような財は、消費とともに縮小するのではなく、拡大する傾向にある。今ではほとんど忘れられている、アメリカの古いことわざがある。もし私があなたに1ドルをあげ、あなたが私に1ドルをくれるならば、私たちはお互いに1ドルずつ持っている。もし私があなたに一つの考えを示し、あなたが私に一つの考えを示せば、私たちはそれぞれ二つの考えを持っている。現在支配的な競争的市場によって唆された消費主義症候群は、他者より一枚上を行くという生活戦略を定着させるのを狙って、人々の手に入れたものや習熟したものを何とかゼロサム・ゲームに転換しようとした。

　私は、理想的な先生は、最も望みがなく、とても不利な状況の下で、人間、大方の人間の能力を増大させることができる（また、そのことに熱心に取り組みそうである）ということに賛成である。いくつかのケースでは成功するであろう。アフィナティのような人によって見出されるという夢は持たないかもしれないが、＜貧困地区＞、ゲットーやスラムのようなところで、多くのロレンツィーノが見出されることを待っている。しかし、何人の者が見出されるであろうか。そして、なぜ、見出される者は常にごく少数なのであろうか。広範かつ多元的

な不平等に悩まされた社会で、この世のロレンツィーノに割り当てられた場所が、彼／彼女らの運命を決定づけるということはない。しかし、それは、彼／彼女らが成功する機の統計的確率に影響する。私たちの周りに、より多くのアフィナティがいればいるほど、より多くのロレンツィーノが、見出され、励まされ、厳しい運命から救われることになるであろう。しかし、もし、社会的に生産され、終わりなく再生産される問題に、個人的な解決を求めるべく、彼／彼女ら自身やその居住区が囲い込まれているならば、アフィナティのできることにも限界がある。そのような限界を超えるためには、アフィナティは、トトの魔法のハトが必要になるであろう。

　まさに私たちは、文学、あるいは映画、歌謡、絵画——それは＜芸術＞という名の下に括られる、想像力の働きを意味する、すべての創作品であるが——そこに個人的に救いを求め、救いを見出しているのかもしれない。私たちは、その飛翔において——まるでトトの貧しく活気のない居住区——油井のために必要とされた荒廃地——のように、ホームレス家庭の厳しい現実を置き去りにできるのかもしれない。でも、それに、どのような実際的効果があるというのであろうか。

第3章

振り子とカルヴィーノの
空の中心

R. M. 『社会学の使い方$^{(1)}$』で、あなたは、前近代（あるいはアンシャン・レジーム）、近代および現在のリキッドな近代（モダニティ）は、これらのそれぞれの傾向が絶え間なく浮上し、それらが共存していることを示すので、実際のところは、それらが内部に組み込まれた要素であることを説明している。

　教育が携わることは、ジャン・ピアジェ[1]の素晴らしい理論の考察によって、子どもの発達プロセスにおける各段階を明確に通過することであった。ブルーナー[2]においても、学習軸からの同様の進歩やシフトが定義される——しかしながら、新たな段階における変化は、学習の前段階の様式のすべてを消し去るほど過激なものではない。さらにフロイト[3]においてもまた、口唇期は肛門期に進み、それから——最も成熟した——男根期に至るというのはそうなのであるが、口唇期と肛門期の衝撃は、人間の一生の期間で共存し続ける。しかも、あなたは私に、心理学の水準で起こることが、社会学の水準でも起こるということを考えさせた。もしも私があなたの本を読まなかったら、

---

(1) Zygmunt Bauman, Michael Hviid Jacobsen and Keith Tester, *What Use Is Sociology? Conversations with Michael Hviid Jacobsen and Keith Tester* (Polity, 2014), pp. 14-17.（＝ 2016、伊藤茂訳『社会学の使い方』青土社）

そのような考えに思い至ることはなかったであろう。『社会学の使い方』のなかで、キース・テスター[4]とミカエル・ヴィード・ヤコブセン[5]が、あなたにとって懐古(ノスタルジア)というものがどの程度重要なのかと問うたとき、世界における物事の進歩は、直線的ではなく、振り子のように変化するとあなたは言う。なぜなら、以前に存在していたものは、必然的にどんな出来事の新しい状態からも失われ、一旦変化が起こると、それは行方不明となり、以前存在していたものが覆せない事実であることに人々は気づく。それゆえ、私たちは、懐古(ノスタルジア)という感情を、もはや存在しないもので私たちが嘆き悲しむことに対して抱くのではなく、一方で、それが絶対的に事後であることを認める事実、他方で、それが、避けられない混合性や、合成を伴って永遠に幻想であり、生成の状態に留まることになる明らかな構築物であるという事実に対して抱くのである。そして、13年前にキース・テスターとの対話であなたが述べたように、「リオタールの気の利いた軽口、つまり、まずポスト・モダンでなければ、本当のモダンではあり得ない[(2)]」を、あなたが好んだのはこの理由からなのである。

　レイモン・アロンの娘で、社会学者(かつ政治学者)のドミニク・シュナペールは、彼女の最近の本[(3)]で、<極端な民主主義>の現代原理主義版において、ホモ・デモクリトス[6]が支配する危険性を取り上げた。<極端な民主主義>では、学校や裁判所のような制度的な領域においてさえも、人々が従属させられる規則(ルール)そのものを選択することを求めるという、制限の無い幸福状態を人々は熱望する。私は、ベルルスコーニが自分自身のために仕立てた（ひどい）個人的な法のことを言っているのではなく、ウェブ上でウイルス感染する、五つ星運動(ファイブスター)[7]のような、拘束のない極端に過激な批判のことを言っている。私たち

---

(2) Zygmunt Bauman and Keith Tester, *Conversations with Zygmunt Bauman* (Polity in association with Blackwell Publishers, 2001).

(3) Dominique Schnapper, *L'esprit démocratique des lois* (Gallimard, Collection Nrf, 2014).

は、一般化されたヒステリー状態を問題にしている。それは、コミュニティの他の成員の自由に関係して、個人の自由を確立することができる、あらゆる類の共同社会（ゲマインシャフト）の消滅を伴い──さらに、個々人の現実および真のコミュニティとは関係ないものとして経験されるが、コミュニティの観点から想像された社会の思いがけない比喩（メタファー）から生まれた、利益社会（ゲゼルシャフト）の消滅をも伴い──人々を力（パワー）のない状態にし、同時にそれにもかかわらず、互いによそよそしく距離をおいた状態にする。

　シュナペールの本は、モイセス・ナイム[8] の『権力の終焉(4)』と響き合うように思える。それは、とりわけウェブのお陰で、より大きな権力をますます無効にすることのできる、ミクロな権力について論じている。マルコ・ベルポリティ[9] は、「古い秩序を振り払って、どこからともなく突然現れたように見える、反逆者、政治的に周縁の党派、革新的な発起人、ハッカー、大衆向けの指導者を欠いた青年たち、ニューメディア、そしてカリスマ的な人物」について論じている。そして、グリッロ、カザレッジョと彼らのファイブスター、およびアサンジのウィキリークスがある。私は、40年前にコリエール・デラ・セラ（新聞）に掲載されたイタロ・カルヴィーノ[10] の論文のことを思い出す。それは次のような言葉で締め括られていた。すなわち、「現代社会は、極めて複雑な構成へ向かう傾向にあり、空の中心へ向けて引き寄せられている。そして、すべての権力や価値が集まるのが、この空の中心なのである(5)」。

　グローバルな力（パワー）が燃料補給するために、ローカルな場所に一時的に滞在するという言説や、新たな、これまで以上に不安定なバランスの構築において、前もって予期することができない、大小様々な原因が

---

(4)　Moisés Naím, *The End of Power: From Boardrooms to battlefields and Churches to States, Why Being In Charge Isn't What It Used to Be* (Basic Books, 2013). (= 2015、加藤万里子訳『権力の終焉』日経BP)

(5)　Marco Belpoliti, 'Quel che resta del potere' ('What Remains of Power'), *L'Espresso*, 27 February 2014.

多くの影響を及ぼす、互いに交差する影響の壊滅的な力といった、あなたの論述の言葉が響き渡るのを聞いているように感じる[6]。そして、＜空の中心＞とは、あなたとキース・テスターとの対話の過程で喚起されるようなことである。

　　21世紀に直面せざるを得ない危険は、全体主義の弾圧政治ではなく——まさに起こったという脅迫観念に取りつかれている——人間社会の自律性を担保することができる＜全体性＞の崩壊である［……］後から振り返ると、私たちは現在、弾圧が起こり見境をなくすとき、＜全体性＞が弾圧と共にもたらされるという危険を極めて良く理解することできる[7]。

Z. B.　いかなる発展や生成も、連続性と不連続性の絡み合いからなっている。発展／生成のどのスナップショットも——あったとしても——完全には消すことのできない、多くの層からなる一枚のパリンプセット（重ね書き用の紙）である。多くは、完全に重なり、ペンキの最後のひと塗りに隠れるか、あるいは、その下からなお異彩を放っているかである。そのうちのいくつかのものは再配置され、異なる構成のなかに組み込まれるか、フロイトの＜無意識＞のようなところに蓄えられる。それは、現在（ほんの束の間を意味している）は見えないが、原則として復活可能なものである。そのことはマクロ現象にもミクロ現象にも当てはまる。その絡み合いは、とても濃密で堅固なものなので、不連続性という判断を正当化する休止状態を見極めることは、概して＜本質的に論争的なこと＞である。それを受け入れることは、結局は決め事なのであり、永久に異論と修正に開かれている。

　連続性と不連続性との容赦のない対立という古い仮説を覆すこと

---

(6)　Zygmunt Bauman and Riccardo Mazzeo, *On Education* (Polity Press, 2012), ch. 19.

(7)　Bauman and Tester, *Conversations with Zygmunt Bauman*, p. 145.

は、人間の世界認識という物語における、もう一つの重要な分岐点を転換^{シフト}する本質的な部分であったと私は思う。それは、すべてを物語るタイトル『確実性の終焉⁽⁸⁾』において、イリヤ・プリゴジン^[11]の画期的な研究／明示^{マニュフェスト}によって述べられていることである。「古典的な科学は、秩序や安定性を強調したが、対照的に現代は、観察のすべてのレベルにおいて、変動、不安定性、多様な選択、限定的な予測可能性といったことを重視している」。古典的な見方では、「自然の法則が確実性を表す。しかるべき初期状態が与えられれば、ある確からしさをもって未来、あるいは過去が予測および推測可能である。ひとたび不安定性を考慮すると、もはやそうではなくなる。そして、自然法則の意味するところは根本的に変化し、それは可能性や確率を表すものになる」、「科学はもはや確実性を保証するものではなく、分からないことを伴った確率になる⁽⁹⁾」。

　これらのことを平たく、常識的な見方で言うと、問題の重ね書き用の紙^{パリンプセット}は、可能性のなかで選択がなされるが、稼働しているそれほど多くない普遍の法則の幾重にも重なった痕跡である。つまり、もしも幸運にも精査することができる多くの事例があれば、統計的に表せる確率分布と共に、常に障害になるものはあるけれども、それは読み取ることができる。この新しい気づきで、「個体と統計的な水準との同等性が全くもって壊される」「変動（集合体の）の一般化は［……］（個体の）軌跡の観点から表すことはできない」。個体の軌跡は、「確率論的、蓋然性のプロセスの結果である⁽¹⁰⁾」。

　切れ目のない時間の流れのなかで、連続性と不連続性の要素を見分けようとするときに私たちが直面する難しさは、決定論的な性質のプロセスに帰せられるものから、確率論的なプロセスの結果を見分ける

（8）「時間、カオス、そして自然の新たな法則」という副題がついている（The Free Press, 1996）。
（9）同上、pp. 4, 7.
（10）同上、p. 37.

ことの難しさによって一層増幅される。かなり印象的な形だが、私は個々人の人生の軌跡を二つの要因で分析することを示唆した[11]。つまり、運命（あるいは、私たちの好き嫌いにかかわらず、私たちに起こること）、現実的な選択肢の範囲を設定するのを担う要因と、登場人物（デザインやデフォルトによって、私たちの製作の対象になるもの）、選択肢のなかから選択することを担う要因である——ただし、密接に絡み合い、相互に関連しているこの二つの要因を明確に分けることはほぼ不可能であることを認めざるを得ない。

　ピアジェは、〈確実性を標榜する自然の法則〉が主流の時代に——より適切には、明確に統一され、普遍的なものとして表示される〈理念型〉を構築する時代に——発達段階理論を開発した。経験的世界の対象では、同様な〈純粋〉な形式においては見出せなかった特性——その自然的な環境から抽象化された理念化においてのみ見出せる特性である。たとえば、なぜ影響力を持った考え方が、何世紀もの間、可逆的な物理的時間を仮定することを主張していたのか、一方、現在私たちが知るように、宇宙に広がっているのは非可逆的な時間のプロセスであり、振り子——物理学者の可逆的時間の最も良い例で、時間の可逆性の仮定に基づく現象——それは〈現実世界〉に指示対象のない想像上の実体であるとプリゴジンは指摘している。つまり、それは想像上の世界においてのみ、想起できる事柄であり、そこでは摩擦というものが棚上げされていたか、全く考慮されていなかった。しかしながら、〈現実世界〉の運命、および人生の軌跡を生み出す登場人物が、活動を選び／選択する舞台を設定する要因も、それらの複合効果として、時間拘束的であり、〈非可逆的時間〉のプロセスの対象となっている。ある種の可能性は、〈非現実的〉であり、そのため選択される可能性が低く、それゆえ、確率分布は形が変わるという想定は理に適っ

⑾　Zygmunt Bauman, *The Art of Life* (Polity, 2008). (＝2009、山田昌弘解説、高橋良輔・開内文乃訳『幸福論——〈生きづらい時代〉の社会学』作品社）において。

ている。つまり、さもなければ、同じ動きの単調な繰り返しが永遠に続くことが可能になるという考えである。しかし、ピアジェによって調査された子どもたちは、今日、学校で教育されている子どもたちのコーホートと同じ状態（たとえば、同じ集合的環境）にあったのであろうか。ピアジェが研究を完成させて以降、振り子の運動を理念型モデルから逸脱させる＜摩擦＞はどのように変化したのであろうか。

　私は、その変化の完璧なリストを作成するつもりはない。ここにあげるのはランダムに選んだ、それらのうちのいくつかのものである。とはいえ、運命と登場人物（キャラクター）の弁証法、およびその二つの要因各々の性質に多くの変化をもたらしたであろうものを念頭に置いている。

　まずは、現代の自己が形成される条件の継続的な変化を根気強く研究している研究者、アーリー・ラッセル・ホックシールド [12] が記述したように、「シングル・マザーに生まれる子の割合は（アメリカで）2011年までに40％に達した。そして、アメリカの子どもの半分は、少なくとも人生の一時は、ひとり親家庭で過ごしていたことが調査によって明らかになった(12)」。「1900年には、結婚の約10％が最終的に離婚になったが、今日、初婚では、その割合は40％から50％であり」、一方、2回目あるいは3回目の結婚では、それよりももっと多く、より短くなるのを考えると、当然のことのように思われる。それゆえ、運命によって形作られた枠組みは——あるいは、この場合には、非可逆的な文化プロセスの時間拘束的な舞台（ステージ）、そこでピアジェの研究対象が、＜心理学的に発達＞したのだが——ほとんど完膚なきまでに変化した。通常大人のいない家庭における、いわゆる＜鍵っ子＞（絶えず増加しているアメリカの子どものセクター）は、ホックシールドが＜外注された自己＞と呼ぶ概念が広まる主要な対象である。つまり、それは事実上あらゆる生活の側面において専門特化した専門的知識を持っ

---

(12)　Arlie Russel Hochschild, *The Outsourced Self* (Metropolitan Books, 2012), p. 8. 参照。

たカウンセラーによって提供される、（多くは購買可能な）サービスから——大まかに——構成される継ぎはぎ細工の自己である。幼少の頃から、子どもたちは、市場組織への依存を高める傾向にあり、そこで生活に必要な財やそれらを使うための出来合いのレシピを見つけたいと思っている。市場で得られる助言／指導の権威は、それらの現在の市場価値で評価される傾向にある。「最大の革新〔イノベーション〕は、これまで市場からは遮断されていた、私たちの生活の感情領域の中心にまで届くそれらのサービスである」とホックシールドは言う。市場は、「まさに私たちが自己を理解するということに関わるようになった。個人的生活の市場化において、かつては直感的、慣例的であった行為——誰と結婚するかを決めること、赤ちゃんの名前を選ぶこと、何が欲しいのかを理解することさえ——が、今では金銭の支払いを伴う専門家の助言を求める」。「個人的な経験は、それを作り出す私たちの役割から切り離されて——＜完璧な＞デート、誕生日、結婚式のように——買うことが可能になった[13]」。その結果として、自己への信頼、個人の自律性、各自の自由の多様性を活用することは犠牲にならざるを得ない。

　広範かつ急速な変化のもう一つの領域、それはつまり、インターネットの時代におけるワールド・ワイド・ウェブ、＜社会的＞ウェブ・サイト、および起きている時間の半分を——それ以上かもしれないが——精神的にも身体的にも、人間に代わってスクリーンと向き合っている若者世代の人たちによって、多くの社会化の機能は、対面的なものから電子的に媒介された目と目のものに変化している。その変化は、人間、大方の人間のこの世の生き方にとって、特別に無くてはならない社会化のスキルの衰退を招かざるを得ない。オンラインのネットワークは、その設備、および取り扱いの面倒くささや不快さを伴わない点で、現実世界〔オフライン〕のコミュニティとは異なっている。しかしながら、

---

(13)　同上、pp. 11, 12, 14.

同じ理由で、電子的に設定され、維持された人間同士の繋がりは、その脆さにおいて名だたるものであり、一方、ツイートの作成やメッセージの交換を習得することは、対話の技術にとっては、ますます不適切な──必須なものであるほど難しい──ことになりそうである。

第4章

父親問題

R. M. 今日、父親の形がどのように変化したのかについては、精神分析学者のマッシモ・レカルカーティ[1]がとても説得的に説明している。彼は、ラカンの教えからインスピレーションを得て、『父親に残されたものは何か？超近代における父性』、『テレマクス・コンプレックス』や『父親のいない祖国（ファーザーランド）』といった著作で、＜父親の消失＞について論じている。私は、このことについてすでに『教育について』のなかで、あなたに述べたことがあるし、きっと後でまた取り上げると思うが、ここでは権威的な役割としての父親の旧来型のモデルが、今日ほとんど残っておらず、弱い、子ども化した、存在感のない父親像のなかで、目立たず、顧みられず、気づかれないということに注意を引きたいと思う。基本的に、今日の父親である色あせた不適応者のなかに――悲惨かもしれないが、忘れられない――昔の父親の何が継承されているのであろうか。

　偉大なイタリアのユング理論の分析家、ルイジ・ゾヤ[2]は、彼の最も重要な著作『ヘクトルの身振り[1]』でこのことを説明しようとした。自分の毛皮の帽子をぬかるみに投げ入れた相手に、真正面から迫

---

(1) Luigi Zoja, *Il gesto di Ettore* (Bollati Boringhieri, 2000).

る勇気が持てなかったとき、フロイトの父親が感じた良く知られた屈辱によって、彼はそれを説明する。結果的に、その話はジークムントのためになったのであった。精神分析の父（ジークムント・フロイト）は、『アエネーイス』を読み、戦いで自分自身の名誉を守ることに先立って、家族や人々の維持を重視するアエネーアースの理由が分かったことで、初めて自分の父親を理解し許せた。そして彼は、父と共にある平穏無事をウェルギリウスに感謝し、父親の一つの作品の一節から始まる著作『夢判断』を著した。

　問題は、自尊心のない母親は決して子どもから拒絶されない一方で、侮辱されている父親は、子どもから「父親らしい振る舞いではない」と言われることであり、また、子どもは「社会における関係性は、愛や正義ばかりでなく、荒々しい強さからも成り立っているので、自分の父親は、公正さや愛情ばかりでなく強さもある[2]」と感じる必要がある。「西洋の伝統は、公正な父親を敗者と見なす風潮のなかで、勝者である公正を欠いた父親をしばしば好む傾向にある。この矛盾（パラドクス）は、負けて強さや威信を失ったとき、拒絶された父親の原型（プロトタイプ）を『リア王』で創作した、シェイクスピアによって良く知られている[3]」。

　1968年の社会運動の帰結の一つは、父親の攻撃性が弱まったことであり、権威ある父親のモデルがその世代によって挑戦を受け、その結果、父親は子どもに対する支配的な攻撃性を放棄しなければならないと感じ、優しく、理解のある友達のように接するようになったということを、私たちは見てきた。しかしながら、私たちはまた、弱い父親の子どもたちが、近所のいじめっ子のなかで、それに代わる＜強い＞父親像を探し求める傾向があることも分かっている。「父親の権威は民主化され、その強さは多くの点で消失した。しかし、私たちの潜在

---

(2)　同上、pp. 10-11.
(3)　同上、p. 11.

意識は、千年も支配的であったものを、二、三世代では解消できない。父性の喪失にかかわらず、また、おそらく新しい秩序への移行途上であるにもかかわらず、西洋の社会は、少なくとも潜在意識において、父権的なものを温存している[(4)]」。

『悪の自然史[(5)]』で、あなたは、酷い大惨事<ruby>大惨事<rt>カタストロフィ</rt></ruby>に見舞われた個人や集団が、ずっとは続かない援助をどのように受け取るのかを示した。つまり、苦痛状態があまりにも長く続くと、厄介な事柄が次第に露呈するようになり、他者は犠牲者から離れていく。そして、父親の例で言えば、「敗者が引き起こす反発に、上手く対処するのは困難になるのである。父親が尊厳を失っている場合には特にそうである[(6)]」。

しかし、この父権的な権威は、それが失われる以前は、どのようにして得られていたのであろうか。ゾヤは、昔の人が動物に面と向かったときに見せる熱狂について語っている。その動物が大きければ大きいほど、「まさにその気迫は増大し、それ自身を二重写しにする自然を見習って、その気迫が内部のバランスをとるメカニズムを内蔵し、川と堤防の両方の役割を身につける[(7)]」まで、捕獲しようとし続ける。人間の若者はとても無防備だったので、彼らの性的な活動は過剰であったが、彼らを防御するために、一夫一婦制の家族が大昔に誕生したのである。

　　一夫多妻制主義者は、生物学的遺伝的特徴を互いに相殺し合う。そして、彼らが生き延びたときでさえ、あまりにも暴力的であるとして、コミュニティから追放された。

　　しかしながら、それ以外の者は、この世の未来の本流であった。なぜなら、彼らはあからさまな本能的な満足——敵に対する攻撃的な本

---

(4) 同上、p. 12.
(5) Zygmunt Bauman, *A Natural History of Evil* (Indigo Press, 2012).
(6) Zoja, *Il gesto di Ettore*, p. 15.
(7) 同上、p. 45.

能、女性に対する性的な本能——を抑えることができ、より完全で、あからさまではない計画的な生活を支持していたからである。このことが父権的な資質の土台となっている[8]。

　犠牲を優先して快楽を先送りにする、この道徳的力に与する能力は、あなたが『立法者と解釈者[9]』の覚書で書いた、マックス・ウェーバー[3]によって称賛された有名な<清教徒>でその頂点に達するが、敵に対して用いられる物理的な力を伴って、人々の家族や国家の幸福を打ち立て、確固なものにするうえで必要不可欠であった。

　あなたはその本のなかで、多くのページを割いて、啓蒙に対する自分の考えを述べている。当時の知識人は、<啓蒙された暴君>に対する議論を提示する、<立法者>としての役割をいまだ持っており、多くの理論があり——今日でもなおそうだが——そのどれもが十分には<真理>とは言えない、多様な思考環境における<解釈者>の役割に、いまだ矮小化されてはいなかった。今日、お互いに競い合う<複数の真理>があり、ゾヤは、啓蒙と共にどのように権威の危機が始まったのかを記述している。フランス革命の先駆者、ヴォルテール[4]とルソーの両者が、自分の父親と複雑な関係を持っていたというのは興味深い事実である。つまり、ヴォルテールの父親は、彼を勘当し、ルソーの父親は、自分の子どもの本当の父親になることができなかった。「個人の象徴的な行動において、集合的なイメージが隠蔽された。父親が授けるものは、常に子どもの公的な認知である。他の可能性は、再度、父親の管理下において、親子の縁を切ることであった。ヴォルテールは、現実的な代替案を模索した。つまり、もし認知や勘当が一つの選択であるならば、それはまた、子どもからも起こすことができるはず

---

(8)　同上、p. 51.
(9)　Zygmunt Bauman, *Legislators and Interpreters: On Modernity, Postmodernity, and Interpreters* (Polity, 1987.（＝1995、向山恭一・萩原能久・木村光太郎・奈良和重訳『立法者と解釈者——モダニティ・ポストモダニティ・知識人』昭和堂)

であると[10]」。

そこで18世紀のパリでは、多くの進歩的な女性たちは、子どもを乳母に預けることで、＜古典的な＞母親の環境から自分たちを解放し、読書やサロンでの会話に夢中になった。「ヴォルテールは、外部の父親と戦い父親を捨て、ルソーは彼の内なる父親と戦った[11]」。

そのとき以降、父親の危機は悪化し続けている。工業化に伴う農家の父親——暴君的であったにもかかわらず、自分の役割を良く心得ていた——から工場労働者の父親——近くにいながら、子どもへの支配を失い、子どもたちの方は、夜に父親が酔って帰宅し、騒々しいテレビの前で時間を潰しているのを目撃する——に移行し、さらにその権威がますます無くなっている今日の父親への移行である。物（オブジェクト）には恵まれていても、心理学（サイコロジー）には貧しい私たちは、謎（ミステリー）の方がその解決策よりも意味があり、より強烈である可能性があることを理解していない。男は象徴的な次元を拒絶することで、父親を辞めてしまった[12]」。そこで、私たちが暮らす母性の世界では、教祖的な者や心理療法者の事務所に救済を求め、大きな亀裂と地獄が子どもたちには残される。「私たちが父親像にあこがれて、独裁政治を求めたように、父性への探究は、独裁政治への秘められた懐古（ノスタルジア）を含意するという見方を、排除することができない。今日なお、父親像を探し出そうとすることの危うさは、圧制者をもたらす危うさと精神的なところで深く関係している[13]」。

結局、ゾヤの熟考に対するリトマス試験紙は、絶対的な独裁者、ベッペ・グリッロ[5]が絶対的服従を拒否した者を粛清する、五つ星運動の＜直接民主主義＞に主張された自律性のあり方にある。この点に関するあなたの意見はどのようなものでしょうか。

---

(10) Zoja, *Il gesto di Ettore*, p. 180.
(11) 同上、p. 181.
(12) 同上、p. 266.
(13) 同上、p. 297.

Z. B.　私は、ラカンとカルヴィーノは（半世紀早く神の死を宣告したニーチェのように）、異なる視点から異なる表現で発見したことを告げただけで、同じプロセスの真髄を理解しようとしていたと思う。そのプロセスは、カルヴィーノを想い起こすと、かつてそこに住まうことを熱望していた、多くの死骸がまき散らされた──さもなければ、何もない──中心への、現代性という大渦巻きの向心力で描かれる。ラカンの注意を引いた死骸は、父なる神の表看板であった。つまり、ニーチェにとって、それはすべての父の父親──神、多くの者にとっての祖国であった。

　神、神なる父、祖国は、その（個々の）部分の総和よりも大きな全体性に与えられた別名である。ホッブズ [6] のリヴァイアサン、デュルケーム [7] の社会、シュミット [8] の統治者がそれである。このなかではシュミットが、大作に『政治神学』という題名をつけることで、また法を制定する特権および能力に多くをよらず、両方の行為──法の制定とそれを破ること──を当人の決定のみに根拠づける、法を犯すことの非説明性によって＜統治者＞像を定義することで、最も明敏かつ冷静であった。最終的に、統治者というのは、彼の行動を弁明したり、説明したりさえしない、自分の規則（ルール）の主題を自ら所有している者である。その絶対的な──何にも拘束されず、疑問視もされない──決定者の自由が、私たちすべてに、定義上、予測不能で、決して私たちによっては管理できない、彼のみの決定に依存している主題を言い渡すのである。ヨブが、険しい道を習得したように、「私は真実を知っている、ゆえに誰も神に逆らって勝訴することはできない。もしも、神と論争をまみえるならば、神は千に一つの問いにも応じないであろう」（ヨブ記9：2-3）。

　だが逆説的に──キルケゴール [9] が言ったように──そのような超越者と出会うことで＜恐れとおののき＞が生じ、圧倒的で威圧的な、不可解で計り知れない力が、頑として見通せない運命を前に、耐える

ことのできる——実に生きられる——生を授けることを可能にする、独創的で効果的な文化的策略を引き起こす。それは、さもなければ分からないことへのどうしようもない恐怖を、増大せずに和らげる。神、神なる父、超越者は、より遠くを見、私が聞くよりもずっと多くのことを聞く。彼は、未来に何が待ち構えているかが分かるばかりか、それを順応できるものにすることができる——意志でもってその経路を変えることができる。彼は全知全能である。もしも彼が、私が本当にやって欲しいことをやらないのならば、それは、私の鈍い感性や判断力のせいであって、私が分からない、あるいは分かっても理解できないことを彼が知っているからに他ならない——たとえば、それをやることは、善いことよりも悪いことをもたらすであろうといったことを知っている。結局、彼がそう決めたのなら、それができないということはない。彼が全知全能であるということは、常に保証されている。それは、自分は彼を信頼しているという自信に繋がる結果になる——神、神なる父、統治者という決定者の特権が、彼に取り入るやり方や、彼の怒りを避けて、慈悲と恵みを得るやり方の詳細な教えと一括りになっていれば、ますますそうである。概して、神、神なる父、統治者は、世界の秩序と正義（少なくとも、世界内の自分の存在に特に重要となる世界の部門）の保証人である。それは、決して哀願されたり、言いくるめられたりはしないし、理解不足や不十分な知識、無知や不信によって傷つけられることも決してない。

　私は、宇宙の中心から神が撤退するのを認めることを考え始めたのは1755年だと思う。だが、それを考えていた人たちは、撤退というよりはむしろ、当時の中心の住人による義務の放棄、あるいは破産した宿泊人の家出という言い方を好んだ。1755年に——地震、火事、洪水の3つの災害が続けざまに——当時一般にヨーロッパの権力、富、貿易、知および芸術の中心と見なされていたリスボンを襲った。リスボンは破壊されたが、その打撃は無作為になされた。つまり、ヴォル

テールがいち早く観察したように、「無垢な人も、罪人と同様、等しくその害悪は避けられない」。ヴォルテールの意見は、極めて明快であった。宇宙の中心における神の存在は、人間によって設定された理性と道徳性のテストに合格することに失敗した。理性と道徳性が推奨する規準を推進し、拘束するやり方について、神が地球規模での全権を持つという考えも、同様にテストの合格に失敗した。その意見は、この世界にはより良い——文明化された——秩序、そして新たな——人間の——管理が行われれば、より公正になるだろうあらゆる機会があるということを意味していた。

　それに続く二世紀にわたって——困難な道ではあったが——人間の管理者は、理性と道徳的感情を持って大混乱を受け入れる場合には、神に劣らないことを学んだ——私たちが退歩への＜偉大なる無知＞の抵抗、および全能はもとより、全知には到底至らないところに、人間の管理者を留め置く動かぬ制約を学んだように。国家と市場、それは——必ずしも完全な合意ではないが、相互の話し合いにおいて——この世界の人間が住んでいる場所を適切に管理するか、あるいはその場所を適切に自己管理ができるように期待された、理性と道徳性が編み出した二つの機関なのだが、そこに注がれた期待を裏切る場合が増大し、また増大し続けていることで、度重なる現実の試験には合格していない。そして、これまで、その担うべき役割においてそれらに代わる、目に見える形での明らかな候補は存在しない——それを探すことは、死に物狂いに行われているのだが、また、数多くの画板上のスケッチは、想像的で魅力的に見えるのだが。

　私たちの自己相似的な現実において、同様の難問が——その規模は違えども——社会的組織の様々なレベルで繰り返される。全知全能の神のイメージをモデルにした権威の危機は——たとえ、各々のレベルが、そのようなものとしてそれを経験する独自の理由、また、その経験をもたらす異なった要因群があるとしても——実際、あらゆる

54

段階^{レベル}で感じられる。宇宙の性質やそのなかに私たち人間を投げ込むことに関する、ブレーズ・パスカル^[10]の瞑想の近頃の再発見や急速な人気の高まりを、あなたは記述している。「これは無限の空間で、その中心は至る所にあるが、その周囲はどこにもない。要するに、それは神が全能であることの最も分かりやすい証拠であり、私たちの想像力は、そのような考えに占領されている⁽¹⁴⁾」。瞑想というのは、私たちの現在——以前よりも一層、多くの中心がある不確実性の時代——の気分に驚くほど強烈に、心底から共鳴する。だが、パスカルにとっての、＜神を信じている＞ということが、慰めと共にある安心感をもたらす筈だというのは、私たちの耳には空虚な絵空事のように聞こえる。

　生身の、比喩でない父親は、フラクタルの継承／階層における最も小さなフラクタルに属している。つまり、彼は直接的で日々の精査に最も近い所にいるゆえに、やはり特権的なフラクタルを通して理解される。彼はそのため、より遠くの抽象的なフラクタルの未来像^{ビジョン}を描くことができる素材、また現に描いている素材を提供することができる。その父親は、ヴィクトル・ターナー^[11]によって、ソサエタルとコミュニタスの名で区別された、人間の協同の二つの共存する、相互に絡み合った、相互作用する様式の間をつなぐ役割——より正確には、転移／交換の境界面^{インターフェース}——を担う立場にある。その特別な＜父親像＞を現在悩ましている試練や苦難は、彼らが位置しているフラクタルな構造のあらゆるレベルに関して、その拡張と理想化の一切合切に影響するプロセスを凝縮した形で示している。ひとり親世帯に育つ子どもの数の増加という視点において、現在の影響という点で最も重要なことは——トマス・アクィナス^[12]の隠れた神に似ていなくもないが——彼の不在や非干渉によって顕著になっている父親像である。生物学的な

---

(14)　www.brainyquote.com/quotes/quotes/b/blaisepasc151958.

親が、一つ屋根の下にいるといないとにかかわらず、親子の絆は次第に弱まり、同時に権威の構造と重なる彼らのほぼ自己認識(アイデンティフィケーション)なるものが取り除かれた。さらに、最も小さな（それゆえ、最も一般的に精密な検討に曝される）フラクタルの認知的特権を考えると、疑いなく、それから引き出された経験は一つのマトリクスとして提示される——また一方、他の父親像、特定化すれば、より大きなフラクタルは、そのマトリクスが許容し、可能と見なす多くの順列（組み合わせ）のように見ることができる。

　数多くの機会（最も最近では、グスタボ・デサルと共著のスペイン語の本——『振り子の反復』（2015）——において）に、私は（今では過去のことだが）＜自慰のパニック＞と（現在、力を得つつある）＜子ども虐待のパニック＞の役割を比較した。最初のパニックは、無神経で当てにならない子どもの性癖に根ざしていた。そこには、それによって、子どもの行動への親の厳しい、止めさせようとする、至る所にある監視と管理のための理由があった。二番目のものも自然の悪癖の巣窟としての子どもの寝室と浴室に見られるが、この場合には、それは非難された親の性癖——特に、子どもに性的魅力を極端に感じること——であり、それによって親に子どもと距離を取ることと、（今では特定の集団に普遍的な疑いのある）親密な対応を厳格にコントロールすることを命じている。親は、このように——以前は、自明なことで、強く要請されたものと思われていた——親としての役目の多くから引き離されている。

　これらの理由から、私は、家族生活からの、あるいはとにかくその＜家族生活が引き寄せられる中心＞からの、ラカンとレカルカーティが言う＜父親の消失＞ということが当たっていると思う。それは、かなりの程度まで——無論、すべてではないにしろ——自ら招いた（DIY）苦境である。労働市場の不安定さやその構造的な脆弱さ、および概して特有の社会的地位が決定的でないことが、父親の資質とい

うリストから全能とまでは言わないまでも、目に見える形で全知では
ないことを日々露呈させているというのは事実である——これらの新
しい生活の現実が、世界の秩序や正義という、あらゆる未来の正当な
根拠の原形としての＜家族の父親＞というものを、これまで押し広め
ることを可能にすると見なされていた、社会的に生み出され維持され
ていた条件を次第に弱めている。さらに、＜重力の中心＞が突然消滅
するような、その最も独創的な世界観の成り行きと同様、父親の＜消
失＞は、強制的であれ自発的であれ、あきらめからであれ熱狂的であ
れ、親の責任の大きな部分を放棄することに手助けされていた。

　私は付け加える。そのような放棄に結局は伴うであろう道徳的な良
心の呵責は、消費者市場における購買可能なサービスと渡り合うこと
になる。そして、いわば道徳的な精神安定剤の効用ということで、サー
ビスが提供する財を使うことに落ち着くのが最も一般的である。次い
でこのことは、人間の協力や交流の最も親交的な側面の商業化へと、
さらに広く門戸を開くことになるであろう。

第5章

文学と空位の時代

R. M. アドルフォ・ファットーリ[1]は、19世紀から20世紀への移行期に、個人によって感じられた方向感覚の喪失（ディスオリエンテーション）を並列主義で捉えている（ヴェルフェル[2]を引用して、「二つの世界に属し、一つの精神で二つの時代を包摂する、真にパラドキシカルな状態、それは歴史においてめったに繰り返されることのない、ほんの少しの世代に課せられている」[(1)]）。そして、一世紀後、あなたが言う空位の時代において、私たちは同様の方向感覚の喪失を感じている。そこでは、アントニオ・グラムシ[3]が予見したように、世界における古い生活の様式はもはや機能しなくなっているが、新しい様式はいまだもたらされていない。文学はこのことについて、私たちに何を語るのであろうか。

クッツェーのお気に入りのローベルト・ヴァルザー[4]は、リキッドな近代の現代的遊牧民（ノマド）を先取りしている。ヴァルザーと現代の根無し草との違いは、前者が全く無計画であり、その選択は些細な事柄で、無難で大事でないのに対して、現代の旅人は、常に短期的な企画を追いかけねばならない自分を見出すことであり、数百キロも徒歩でゆっくりと終わりなき旅をしたヴァルザーのように歩く代わりに、転ばな

---

(1) Adolfo Fattori, *Sparire a se stessi: interrogzioni sull'identità contemporanea* (Ipermedium Libri, 2013), p. 11.

いように、再び立ち上がれるように滑るアイススケーターのように突進しなければならないことである。その上、ヴァルザーにとっては、自分自身の選択であった、極貧、分断、屈辱といった条件が、近代の追従者にとっては、＜他人＞の選択、今日の世界を＜支配する＞不安定性の結果になっている。最後に、退行し、隠遁し、精神的な居場所に閉じ込もるべく消え失せたいというヴァルザーの熱望は、どんな犠牲を払っても目立ちたいという現代人の願いとは正反対であり、その代わりに、増大し続ける貧困という筋書きにおいて、お金がないことは、周縁化し、排除され、裕福な人々のリストから除かれることを意味している。あなたの見解では、この二つの世紀末の間で類似していることは何なのでしょうか。

Z. B.　ヴェルフェル／ファットーリの＜二つの世界に属し、二つの時代を包摂している＞という感覚、20世紀の入り口に、始末に負えない、自信に満ちた、虚栄心の強い、準備が全くできていない19世紀の子孫／卒業生に、警告なしに4年間にわたる塹壕戦の恐怖が襲ったというその衝撃的な経験、それはこの空位の時代における、私たちの精神および心の状態に匹敵（パラレル）するものなのであろうか。そうではないであろう。すべての類似性は、ハリウッドの法的免責条項がこれまで主張してきたように、全く（おそらく大部分が）偶然に一致したものである。

　二つの世界、二つの時代？　相対する、繋がり合う、あるいは分離、対立、和解する、ただ二つの世界というのはあったであろうか——私たちは少しでもそれに気づいたであろうか。私たちは、子どもの頃から一生を通して——急に受け継ぐことで、一致したり衝突したり、あるいはお互い追随しあう——多くの物事のなかを、上手く通り抜けるように強制されたり／言いくるめられたりするであろうか。新しい世界に突然、激しく引き込まれるという感覚、また、見えない眺めと考えられない考えによって困惑するという感覚は、衝撃というものでは

なくて、私たちにとっては、正常、物事が正しい（ともかく、慣れ親しんだ）方向にあるという快い印^{サイン}なのである。

　生まれ変わる必要性——私たちはこのことを日ごと学んでいるのではなかろうか。取るに足らない月並みさというのは、衝撃というものとは正反対のものである。一から始まるのではなかろうか。新しい年々や日々は、他にどこから始まることができるであろうか。斬新さ——それは予想されないし、期待もされない新しさではないであろうか。実に、私たちはそれがたくさんあること、そして慣れ親しんだものよりも慣れていないものの方が多く、日常的なものよりも非日常的なものの方が多いことを知っている。けれども、もはや馴染みのないものというのは——そして、率直に言えば、理解が難しい——斬新さを取り巻く、神秘的なオーラであり、終末論に似た地位にある——それは、今までは、再び生まれ、新たな世界に入り、これまで取り入れることができなかったことを取り入れる必要性に出会う、生まれ変わりという完全に反復的、規則的な出来事であった。

　私たちの対話にローベルト・ヴァルザーを加えてくれたことを、あなたに感謝する。ヴァルザーは、単にクッツェーのお気に入りというだけではなく、W・G・ゼーバルト[5]にとっては＜常なる同伴者＞であり、エリアス・カネッティ[6]にとっては＜同時代の重要な作家＞である。ヘルマン・ヘッセは「もしも、彼（ヴァルザー）が多くの人に読まれたなら、この世界はもっと良いところになったであろう」（悲しいかな、多くの人に読まれず、この世界はより良いところではない）という考えを述べた。現代アート史のなかにヴァルザーを位置づけることを試みて、スーザン・ソンタグは、鉄道の合流点や貨物積み替えの波止場に似た役割を彼のなかに見出した。つまり、＜散文におけるパウル・クレー[7]——精巧、狡猾、霊的なものとして＞、＜ユーモアに溢れた、楽しいベケット[8]＞、＜クライストとカフカとの間の失われた環＞——彼女は、ロベルト・ムージル[9]がカフカを発見した

とき、＜ヴァルザー型の特別なケース＞と表現したことを思い出しつつそう言う[2]。彼は疑いなく、現代アートの短いが、激しい、時には勇ましい物語における重要な人物である。けれども、運命の評決によって、その物語のなかで、称賛されず、ほとんど目立つことのない英雄の一人であったことは疑いない。その理由から、少し長く彼を取り上げ、必要最低限の範囲でそうする必要性を説明してみたい。

ヴァルザーは、英雄的ではない、ごく限られた、慎ましく、小さな（だけれど、おそらく＜重要でない＞ことはない！）詩人であった。日々の、ありふれた、当たり前の些細なことが——私が思うに——彼にとっては唯一の人生の重要な事柄であった。『散歩』（彼の多くの短編のなかで最も長い）のなかで、ヴァルザーは、自分の信念の表明に近いことを行っている。

　　散歩とそれに伴う自然の瞑想なしには、また同じく気持ちよく、気づきのある探索なしには、私は自分自身が分からなくなり、自分を見失う。散歩する人は、最高の愛と注意力をもって、あらゆる小さな生物に注意を向け、観察しなければならない。それが、子どもであれ、犬であれ、ハエや蝶々、スズメや虫であれ、花や人や家や木や生け垣であれ、カタツムリやネズミであれ、雲や丘や木の葉であれ、あるいはまた、おそらく愛しい良い子が学校でぎこちない初めての手紙を書いた惨めに捨てられた紙屑のようなものまでも。最高のものや最低のもの、最も真面目なことや滑稽なことは、彼／彼女にとっては等しく、愛されしものであり、美しく、価値のあるものである[3]。

要するに、ヴァルザーが主張する＜細心の心配り（ナーバス）＞である。「不平、

---

(2) 'Walser Voice', in Robert Walser, *The Walk* (Serpent Tail, 1992), pp. vii-ix. 参照。

(3) Robert Walser, 'The Walk' in Walser, *Selected Stories* (Farrar, Strauss and Giroux, 1982), p. 86. (＝2012、新本史斉ほか訳「散歩」、『ローベルト・ヴァルザー作品集4：散文小品集Ⅰ』鳥影社)

不満、人間はそれを持たねばならない。そして人間は、不平不満と共に生きる勇気を持たねばならない。それこそが最も素晴らしい生き方である。誰もちょっと不気味なものを恐れるべきではない[4]」。クライスト（彼のとても秀逸な短編小説の一つの主人公）について、ヴァルザーは、明らかな承認と称賛をもって書いていた。「彼は、人間活動のすべてにわたるような、雄大な美しい音楽や繊細な魂を見出すことはない」。このような重要なものの選択の代わりになるようなものは何なのであろうか。「ある種、敬意を表される大衆のばか者どもと、間の抜けた、ないしは一般に役立つ議論をするというのであろうか。[……]人はスレッジハンマーを握って、心ここにあらずという感じでも、何とか進みたがる。そこから抜け出せ、抜け出せ！[5]」。ほぼ同年代に、カフカは彼の寓話の一つ『出発』で走り書きをしている。「『では、あなたは自分の目標がわかりますか』と彼は尋ねた。『はい』と私は答えた。『私はたった今、あなたに言いました。ここから脱出すること──それが私の目標です』と[6]」。それほど時を経ずに、サミュエル・ベケットは書く。「私は分からない。決して分からないでしょう。人は分からない沈黙のなか、進まねばならない。私は進むことができない。私は進むことができない。それでも私は進むでしょう」。あるいは、さらに言えば、イヨネスコ[10]、「絶望が告げることは、誰もが自由に道を見つけ出そうとしなければならないという状態の言明であると思う[7]」。

　ソンタグは、引用したエッセイのなかで「ヴァルザーの芸術は、権力の拒否、支配の拒絶である」と多少訝し気に言う。彼は「大方それ

(4)　同上、p. 52.
(5)　Robert Walser, 'Kleist in Thun', in Walser, *Selected Stories*, pp. 19-20.（= 2012、新本史斉ほか訳「トゥーンのクライスト」、『ローベルト・ヴァルザー作品集4：散文小品集I』鳥影社）
(6)　Franz Kafka, 'The Departure', trans. Tania Stern and James Stern in *The Collected Short Stories of Franz Kafka*, ed. Nahum N. Glatzer (Penguin, 1988), p. 449.
(7)　Martin Esslin in *The Theatre of the Absurd* (Doubleday, 1961), p. 138. 参照。

を受け入れる——皮肉を言う、軽減する——ために、抑圧と恐怖を当然のことと考えている」。そこで私は問いたい。それは反抗なのか、休戦なのか。支配の拒絶なのか、その受容なのか。奇妙なことに——私が察するには——その両方なのではないかと思う。あるいは、より不可解ではあるけれども、受容を通して拒絶を促進するというのが、より適切な言い方かもしれない。しかしながら、私たちは先に進む前に、ヴァルザー自身の立場に関する最終的な判断は——1つの解釈は、更なる解釈で終わるのであるが——ありそうでないことに賛成するであろうし、W・G・ゼーバルトの以下のような議論に注意を引かれるであろう。不気味に損なわれた人生の旅程の終焉へ向けて——ゼーバルトの見解では——彼の唯一の本当の＜文学的な身内ないし先人＞であるゴーゴリ[11]と共に、ヴァルザーは：

　　次第に、筋の中心を注視し続ける能力を失い、その代わりに、視界の周辺に現れる奇妙な非現実的な創造物についてのほとんど強制的な黙想に自らを見失う。[……] その結果、迫りくる病の暗い地平に対する言及なしに、多数の登場人物のなかで、ゴーゴリとヴァルザーを見分けることがほとんど不可能になる[8]。

　解釈論争の騒動の最中、ゼーバルトはリングにタオルを投げ入れる。「ローベルト・ヴァルザーとは本当に誰であり、何者であったのかは、私の彼との奇妙に親しい関係にもかかわらず、どんな確かな答えも見出せない問いである」。

　そのような告白を聞き、その内容を理解し、かつ認めて頷きつつ、ヴァルザーの——唯一無二の——本当に伝えたい事の再構成にコミットする大方のヴァルザーの読者は、結論に到達するという望みが立ち

---

(8)　W. G. Sebald, 'Le promeneur solitaire', *New Yorker*, 7 February 2014. 参照。

消えになることを理解するであろう。ともかく、読者にとっては、それが最も妥当なところである。

　上記の留保を念頭に置いて、支配に対するヴァルザーの態度という棘のある問題に立ち返ろう。彼の代表作として、多くの批評家によって称賛されている『ヤーコプ・フォン・グンテン』の全体を通して、ヴァルザーは、＜快く、静かにいる＞という立ち位置を取り続けることを宣言している。それは、小説の筋が展開される＜ベンヤメンタ学院＞に入る目的なのだが、上品で適切な振る舞いの術を習得したいと望む人々にとって、最も賢明な立ち位置なのである。この立ち位置を獲得し、何が起ころうとも、それを保ち続けるためには、単に規則に従順なことや、規則を設ける権威者に対するいかなる反抗も思い留まるということだけでは十分ではない。従順さは、不平の無いことだけではなく、人が義務であることを思い起こすことなく、また人が実際、誠実に心底、罪の意識なく、それらを好むようでなければ、その規則は十分ではないということを念頭に置いて、補完されなければならない。タイトルのヤーコプ、彼は断固とした怒りを持って、出されたお皿の中身を完全に食べつくす規則を立ち上げ、最後には（時間のかかる訓練ばかりでなく、より成果の出やすい自習で）、「どの生徒もすべてをきれい」に食べつくすことになる。「私はいつも見事に調理された、控えめな食事を楽しみにさえしている」。ヤーコプは――人を導く星として――「彼が一層見倣いたいと願う理想像として、絶えず彼に取りついているエルフ（小妖精）について考える。つまり、彼は「すべての厳しく骨の折れる仕事を、純粋なとても自然な徳の心から行う」エルフの習性を称えている。そのような源泉から生じる従順さは、もはや隷従ではなく、自由である――しかも、実際はそれ以上のものである。つまり、それはすべての未来の屈辱に対する保険であり、すべての未来の毒に対する解毒剤である。支配は揺るぎなく、永遠に続くに決まっているかもしれないが、その交渉できない無敵さの心底から

の受容は、支配からその爪と牙や毒針を奪うかもしれない。［……］ヤーコプは自己満悦の冷静さでもって「私はもはや、そのような事を書き留めない」と言う。彼がもはや書き留めないという＜事柄＞は、自由選択という仮面に隠れた、様々な降伏を意味する行為である。何も見ない——だから、苦痛や痛みは何もない。気づかないというこの最高の至福への道は、たとえ幾分でこぼこで、うまく通り抜けるためには不安があるとしても、まっすぐなのである。つまり、唯一の秘訣は、したいと願うことであり、やるべきことは好んですることなのである。

　一本の道。あるいは、より正確には、大きく分かれた人生の岐路の二本の道の内の一つ。そのもう一つの道は、アルベール・カミュによって案内される。つまり、＜我反抗す、ゆえに我らあり＞である。文学においては、社会学におけるのと同様に、それは人々が、追い求め、選び取る、あるいはうっかり入り込んでしまう真実（トゥルース）への道である。それは、それ自身は永遠に気高く、それを露わにするために、メシアを待ち望む真実でもって探求される道である。しかし、良かれ悪しかれ、カフカがすでに結論づけたように——メシアは遅れてやって来る。

　そのようなメシアの独自性を、＜空位の時代＞の状態の定義にするのは魅力的である。あるいはむしろ、その独自性に望みを掛けざるを得ないと私たちが感じるときに、空位の時代の一つの状態が訪れるということなのかもしれない——なぜなら、私たちの時代は、探し求めることで溢れていて、見出すものが無いからであり、しかもそのような状態は、私たちがそのように感じている限りは、そのままだからである。

第6章

ブログと仲介者の消滅

R. M. 私たちは対話のなかで、ジョナサン・フランゼン [1] にはすでに言及した。私は、彼の主要な二つの小説、『コレクションズ』と『フリーダム』を高く評価した。一方、あなたは、それがイタリア語に翻訳される前に、彼の簡潔なエッセイ集『遠く離れて』のなかでのいくつかの重要な論点に着目していた。私は、最新型のブラックベリー（携帯電話）の魅惑的な影響と、技術によって提供される＜容易にする＞という考えの破壊的な潜在性についてのあなたの意見にまったく賛成である。つまり、夢中にさせられ、その時心を動かされた小説家は――彼の物語るという仕事の範疇外である事柄さえをも、議論してみたい人になった。

　それからほとんど必然的に、彼は『クラウス・プロジェクト』という長編のエッセイを出版した。そのなかで彼は、若い頃の仲介者（メディエーター）に敬意を払うと同時に、円滑化し、必然的にすべてを平準化してしまう、今日広まっている傾向へのむしろ解毒剤のように見える三重のでんぐり返しを行う。彼は、極端に難解な著作家になることを選択し――正確に言えば、風刺作品を書く作家クラウス [2] であり――『ハイネとその結果』（およびクラウスによる他の原本）の自分自身による翻訳を引用し、それを多くは原本の最も難しい節の解説やそれを文脈化するもの、そしてまた、多くは一世紀前のウイーンと今日の西洋社会を比

較する膨大な脚注で敷衍している。最後に彼は、部分的に自分自身、フランゼンのことを語り、以前の著作家（ジョン・アップダイク[3]からフィリップ・ロス[4]まで）の解体——それは彼が若い頃に試みていたものであり、クラウスが、ゲーテと共に、19世紀にドイツ語で書いていた最も偉大な作家、およびカトリック主義へ転向したユダヤ人、つまりハインリヒ・ハイネを虐殺したのと同じやり方（ずっと控えめな結果であったけれども）での解体であった。

その本のなかで、まず読者の目を引くのは、1899年にクラウスによって見出された書評雑誌『トーチ』が、今日、大人気のブログにとても似ているということである。加えて、1911年から1936年の間に、その著者は、すべての記事を自分で書き、彼のクリエイティブな才能と辛辣さで記事を充たしていたことである。現代のブログとの主な違いは、ブログがその後のフォローがなく、束の間の成功を達成するのに対して、『トーチ』は、フロイト、カフカ、ウィトゲンシュタイン、トーマス・マン、アドルノ、ウォルター・ベンヤミンを含む、当時の中央ヨーロッパの最も著名な人々によって読まれていたことである。もう一つの違いは、クラウスの書いたものは、より平凡な精神から距離を置くために、極めて複雑で、意図的に難解な論調であったことである。実際、クラウスの＜反ブログ＞のブログは、パリにいたときのみ幸せであったハイネによって、矮小化されていたドイツの言語や精神を護るために、死に物狂いの熱烈な試みで構成されていた。フランゼンは、まるでインターネットの禁じ得ない誘惑から、本物の文学や思考を護るために、勇ましく、情熱的な試みをしているように思える。つまり、「更新する多くのブログがあるとき、ツイッター上でフォローすべきものがたくさんあるとき、文学を読む時間が誰にあるであろうか？[1]」。

---

(1) Jonathan Franzen, *The Kraus Project: Essays by Karl Kraus Translated and Annotated by Jonathan Franzen* (London, 2013), イタリア語版のp. 25。以下のページのすべてで、このタイトルのイタリア語版を参照している。

基本的に、クラウス（「芸術は生に無秩序をもたらす。人間性について
の詩は、カオスを繰り返し続ける」[2]）もフランゼンも共に、現実を捉
えようとするなら、極めて退屈でつまらない一般に流布しているテキ
ストのヴェールを引き裂くことを読者に勧める。その現実は、人々が
くぎ付けにされるという安心できる画面（スクリーン）とは全く異なっている。それ
は私に、『社会学の使い方[3]』のなかで、テスターとヤコブセンがあ
なたに尋ねた、現状になぞらえた親切心に帰する責任についての質
問、およびその問いへの、もしあるならば、親切心はその失望させる
ような欠如のために人目を引くという、あなたの答えを思い起こさせ
る。人生や生きることよりも、生き残る（サバイバル）という行為により負っている、
注意深さや恐れによって生じる＜慎重さ＞や、＜臆病さ＞でさえ、そ
れは私たちの行動の不快な結果から自分たちを護る試みであり、それ
を兄弟のような近しい人々と思える、他者への温かい作法によって示
される本当の親切心と混同するべきではない。二冊の新しい著書で[4]、
ユージーン・ボーグナ[5] は他者への親切心の強い必要性について語
る。他者、彼／彼女らは人間であるので、私たちすべてに共通する、
その脆弱さに生まれつき影響される――とりわけ、病人、高齢者、貧困
者、排除された人々はそうである。これは敵を作るのを恐れる人々、
あるいは多くの物書きのように、政治的公正（ポリティカル・コレクト）を選択し、その結果、自
分自身の個人的な責任から逃れようとする人々の偽善というものとは
全く異なる。仕事で生計を立てるうえでの、今日物書きが直面してい
る困難さを論じた後で、フランゼンは付け加える。

(2)　Franzen, *Die Fackel*, p. 50 から引用。
(3)　Zygmunt Bauman, Michael Hviid Jacobsen and Keith Tester, *What Use Is Sociology?
Conversations with Michael Hviid Jacobsen and Keith Tester* (Polity, 2014), pp. 14-17.（＝2016、
伊藤茂訳『社会学の使い方』青土社）
(4)　Eugenio Borgna, *La dignità ferita* (Feltrinelli, 2013) and *La fragilità che è in noi* (Einaudi,
2014).

　それにもかかわらず、私を悲しませるのは、ニューヨーク文学界の相対的に少数の人々が書くことで生計を何とか維持しているときに、この業界の多くの人々がとても用心深くなっているということである。[……]性格的に多少強靭などんな女性の物書きにも災いは降りかかる。昔よりもずっと、この厳しさが、否定的な批判を（用心深く）する十分な理由になるであろう。[……]物書きを極めて気落ちさせる電子的なシステムの厳しい批評主義は、大衆の意見によって、憎まれる人、非社会的な人、我々の一員ではない人といったラベルを貼られるリスクをもたらしていることを意味している[(5)]。

　たくさんの批評のブログがあり、辛辣な言葉は、後に歳を取れば曖昧になる＜すべてか無か＞といった二分法のカテゴリーが、健全な成長のために必要な若者によって使われる。10代後期の少年時代に、フランゼン自身、＜まるでラッパーのよう＞に爆発するクラウスによって衝撃を受けていた。彼は、「言語をでっちあげる［……］言語的に分かりやすいという、容易く学べる術を遠ざける、成年男子の知的な仕事」について書いた。そして、30年後、「＜ユダヤ人ハイネによって解き放たれた汚物の洪水＞を語ることで、クラウスが入り込んだ危険な領域を穏便に無視したこと[(6)]」を認める。しかし、もしも今日、人生の周期を尊重するとしたら、この常識を超える激しさ（20歳のときには望ましいことが、50歳では受け入れられない）における基本的な相違を、昨今一般的に仮定されている、立場の移ろいやすさという表面性になぞらえて、クラウスは多少過激な表現で明らかにしている。そのうえ、100年前に、クラウスは、小心な出版業界によって想像力に加えられるダメージが、どれだけ大きいかを把握していた。それは今日のテレビ番組のように、読者に対して生半可な知識やイメージを

(5)　Franzen, *The Kraus Project*, pp. 79-80.
(6)　同上、pp. 70-1.

感情的にたれ流す、ライフスタイル・ジャーナリズムによっていた。詩は、ハイネによって書かれたように——どんなに美しくても——曲を付ける準備がなされている。そして、多くの小説は、すでに映画になることから得られる収益を前提とする脚本のように書かれている。

そこで、あなたが20歳のときに、どの程度のことを為し、何を歌うかはそれほど重要な問題ではない。その年頃、フランゼン自身は、パンクの民族音楽の歌手で、パティ・スミスの前夫であるリチャード・ヘルの歌を歌っていた。そしてヘルは、ソーシャル・ネットワーキングを見越していた（「私はブランク世代に属していて、いつでも繋がるか繋がらないかを決められる」[7]）。

結論として、『クラウス・プロジェクト』は、文化仲介者の消滅に徹底的に焦点を当て、文化と人生の連続性、すなわちその間の＜伝達<ruby>トランスミッション</ruby>＞にとって本質的な偉業が、ますます珍しいものになっていることを強調している。フランゼンは、彼のドイツ語の教授ゲオルグ（彼の苗字は、またクラウスだった！）から、結婚のお祝いにカール・クラウスの本をもらっていた。ゲオルグは彼にとっては第二の父親のようなものであった。彼はフランゼンに文学と人生の間にある深い関係について教えた。そして、そのお陰で、フランゼンはカール・クラウスの代表作を翻訳することになった。

世界のなかの私自身の小さな片隅、いわばアメリカの物語において、アマゾンのジェフ・ベゾスは、反キリストではないかもしれないが、多分に4人の騎手のうちの一人のように見える。アマゾンは、自費出版か、アマゾン自身による出版の書籍の世界を望んでいる。そこでは、読者は本を選択する際に、アマゾンのレヴューに依存し、販売責任は著者自身が負っている。ヤッカーやツイーター、ブラッガーといった

---

(7)　同上、p. 161.

仕事、また、多くの五つ星評価をたくさん得るために、誰かにお金を
はらう人々の仕事がその世界では繁栄するであろう。[……] しかし、
まさに、ヤッキング、ツイッタリング、ブラッギングというのは、と
ても表面的な社会的交流の形式に見えるので、物書きになる人々に
とっては、何が起こるのであろうか[(8)]。

　伝達というのは、決してクローン化ではない。すべてが首尾よくいっ
ているならば、伝達のお陰で、人はなるべき運命のものになる——言
い換えれば、それぞれ違った何かになる。でも、それは自分自身に近
づくために本質的なことである。遺産なしに、道標なしに、意見や重
要なメッセージなしに、私たちはどのようにして、本当の自分になる
ことができるのであろうか。

Z. B.　明確な表現は、あるときはトーマス・グレシャム[6]に、またあ
るときはニコラス・コペルニクス[7]に負っているが、普遍的に拘束力
を持った法則の早い段階での形は、二千年紀もの昔のアリストパネス[8]
の『蛙』に見出される。要するに、<悪貨は良貨を駆逐する>という
ことである。当時、金、銀、銅貨以外の貨幣で知られる<悪>貨は、
その保証には及ばない硬貨を意味していた。つまり、その金属が名目
的な価値よりも低い硬貨である。そのような硬貨が流通すると、悪貨
の中にある<良貨>が通常の使用から消え去る傾向にあった（いわば、
比較的稀な、用心深くて、幸運な貯蔵家——あるいはただ貪欲な——貯蔵
家の金庫のなかに貯め込まれた）。
　しかしながら、その法則は、その言葉が示唆するよりもずっと広い
適用範囲を持っている。つまるところ、硬貨というのは交換の手段で
あり、もし求めるものを手に入れるのに、使うことのできるより安価

---

(8)　同上、pp. 197-8.

な手段があるならば、どうしてそのようなより価値のあるものを手放すべきであろうか。悪貨対良貨の場合で言えば、グレシャム／コペルニクスの法則が働くメカニズムは、金銭的な欲望によって起動され推進される。しかしながら、他の場合では、不便さに対する嫌悪感を伴う他の要因——たとえば、より大きな満足を得たいという願望によって起動されるかもしれない（また、起動される）。実際、これは強い動機であり、それはグレシャム／コペルニクスの法則を、ジョナサン・フランゼンから影響を受けて、あなたが提起した問題に結びつける。つまり、＜ブログとツイッター国の言語＞という問題——そして、それはコミュニケーションの交換の主要な手段である言語を通して、私たちの表現力と理解力という宿命／運命的な問題へと繋がる。

　残念なことに、私はフランゼンの『クラウス・プロジェクト』（この本は運悪く今年の後半に出版されることになっている）も、カール・クラウスのハイネ批判に関する小冊子も読んでいない——そのため、私はあなたの問題の一つ一つに応えることはできない。しかし、クラウスの他の著作を理解し——また、思うに、彼が支持する理由を知ることで——あなたが（そして私が！）懸念していることの要点を扱うことができると思う。そして、私たちが共に懸念していることは、私たちは何者で、お互いに何をし、互いにどのように共に生きるかといったことに関する、新しい電子メディアのインパクト（まだ十分には知られておらず、それゆえ、将来もっとあるかもしれぬ心配事を示唆している）である。私たちの行動、世界観、期待への新しい電子メディアの影響について、極めて鋭い視点をフランゼンは持っている。つまり、その顕著な影響（たとえば、真の＜繋がりへの国民的な熱狂＞、つまり、公的および共同的な事柄へ、私的および個人的な事柄の侵略を可能にし、促進すること——それは＜携帯電話の恐ろしさの本質的な部分＞である[9]）、

---

(9)　Jonathan Franzen, *Farther Away* (Fourth Estate, 2012, pp. 148-50. 参照。

そして、それほど目立たないが、結構衝撃のある影響（たとえば、＜性愛関係の幻想的な理想＞のような、私たちの誤解や間違った不作法を手助けすること）との両方である[10]。

　しかしながら、＜幻想的な理想＞とはどのようなことであろうか。フランゼンは、3年前のブラックベリー・パールを処分し、それを最新のブラックベリー・ボールドに変えて、その自分の新しいおもちゃを「優しく愛撫し続けたかった」と告白することから始める。彼は、「要するに、新しい機器に夢中になった」。しかし、これはまさに、私たちが性愛的な高揚の対象に対して感じることであり、それに向けて私たちがどのように振る舞うのかということではないか。あるいはむしろ、私たちが行い、感じることは、その＜客体＞に対してであり、主体——つまり、願望や好み、優先度やそれ自身の、そして私たちのものとは一致するかもしれないし、一致しないかもしれない意識全般を備えた独立した存在——ではなかった。愛欲エクスタシーの＜現実生活＞での対象は、ブラックベリー・ボールドが極めて近づいた理想とはほど遠いところに留まっている。愛欲的歓喜の理想は、その人間の対象とは異なり、「何も要求しないし、直ちにすべてを与えてくれる」——何の躊躇もなく、また、抗議のつぶやきや曖昧な不快の様子も見せることなくである。それは、商業用語における、＜利用者に優しい＞（完全かつ本当に＜利用者に従順＞ということ）である。しかも、おそらくより重要なことは、それは「それがより性的魅力のある対象物によって置き換わったときに、酷いことにならず、取り替えた人に任せられている」ことである。ブラックベリー・パールが、ゴミ箱へ捨てられる途中で、胸が張り裂けんばかりに泣き、悪態をつき／呪っているのを聞いたであろうか。聞かなかったであろう。それは確かなことである。誰も聞いていない。では何故、ジョンやマリーは別れると

---

[10]　同上、pp. 5-6. 参照。

きに、ブラックベリー・パールのように振る舞えないのであろうか。ジョンとマリーは、＜すべて＞──すなわち、＜より性的魅力のある対象＞がないときに、ことによると期待できるあらゆる楽しみ──を与えてしまうという自らの度量は、確実に新しいものの出現には生き残れないということに、初めから気づくべきであったし、そのことを受け入れるべきであった。

このいわゆる＜進歩＞──それが一つであろうと、いくつかであろうと、あるいは全部一緒であろうと──＜前進＞は、（＜前進＞ということの、明言された、あるいは暗に仮定された定義によって）快適／便利でないものから、より快適／便利なものへ、そして不便／面倒／迷惑なものから、よりそうでないものへと導く。犠牲や努力が少なくてすむこと、望ましい結果を生み出すのに必要な時間や、それをするスキルを得るのに必要な時間が以前よりも短くなることによって、この＜進歩＞の軌跡は描かれる。マッチやライターのある社会で、火打石や火口（ほくち）を使うことに戻ろうとは絶対に思わないであろう──何か特に理由がないならば、それらを使うのに必要なスキルをとうに忘れてしまっている。

言語を単純化／通俗化する機会を喜んで広く受け入れているという、あなたが指摘する問題は、それには、その文法、語法、正書法の不可解な複雑さのすべてを習得するのに、比較的最近、私たちが一生懸命取り組まねばならなかったが──その機会は＜メッセージ交換＞や＜ツイッターをする＞装置と、それらのイントロダクションに従う標準型やルーチンによって生じた──それと似たような問題である。少しの手間で、あるいはまったく手間をかけずに得られるものを得るために、なぜそんなに努力しなければならないのか。結果がすぐに出るものに、なぜ延々待たなければならないのか。そこで、それらのなかで最も複雑なビジネス、最も危険で過酷な──しかも同時に最も避けがたい──ビジネス、つまり、恋に落ちる、さらに恋を継続すると

いう人生のビジネスのことを少し考えてみよう。

　人間界の＜オンライン＞の部分での、またそれによって現在提供されている、人生上の出来事の極めて入り組んだ複雑な 場 における＜進歩＞は、人間が住んでいるこの世界の、人間のやり方のどんな他の領域や側面よりも、直接および＜巻き添え＞のダメージをより深く、永続的に、また厳しいものにすると見なせる多くの重要な理由がある。どんな利得にも何らかの損失が伴う傾向がある一方（民衆の知恵が、当たっているとは言え、悲しげに「何かを得れば、何かを失う」と言うように）、オンラインの安全地帯において、とても魅力的に解放を約束されている、まさにそのような愛の質の喪失は、その結果において、まったくもって本当に取り返しがつかず、壊滅的であることを見通している。愛は幸福である――ただし、恋をしているということは、また幸せは、即席の消費や苦悩の免除からはやってこないという現在進行中のレッスンである。そして、それを克服するという苦労や努力は、幸せの反意語ではなく、往々にして恋愛関係を達成させるものの不可欠な要素であるというレッスンでもある。苦悩のない恋は、嘘であり偽物である。つまり、それはノン・アルコールのビールやカロリー・フリーの食物と一緒で、さらに言えば、天国からの硬貨である。しかし、もしも愛が幸福のためのレシピ（保証はもちろん）でないならば、愛の欠如が、幸福というものを外国同然にしてしまう。つまり、実際には、人に知られてなくて、開拓されていない状態である。

　最後にもう一度、フランゼンを引用したい。彼自身の経験――今度は結婚の経験――に再び触れて、彼は言う。

　　お互いの関わりを積極的に称えるための私たちの努力が、一人の人としてではなく、自分たちのアイデンティティを形作ることになった。私たちは、人生を通して、不活発に浮遊しているヘリウム分子ではなかった。つまり、私たちは結ばれ、変わった。もう一つは［……］苦

痛に襲われはするが、殺されはしない。別のあり方——技術に助けられた、陶酔的な自己充足の夢——を考えると、苦痛は、耐久性のある世界に生きていることの当然の結果であり、自然な事柄である。苦痛のない人生に徹することは、生きたということにはならない。「ああ、私はおそらく、後の30代に、その愛と苦悩を手に入れるであろう」（大学の卒業式に卒業生に話され、書き留められた）と自分に言うことでさえ、単にスペースを確保し、その資源が燃え上がるのに10年はかかるということである[11]。

---

(11)　同上、p. 11.

第7章

私たちは皆自閉症に
なりつつあるのか？

R. M. 最近しばらくの間、パリで、ミゲル・ベナサジャグ[1]と今日の近代的ライフサイクルにける高齢者と大変動の状況についての会話／本を書いて過ごしたが、そこで哲学者のジャン＝ミシェール・ベスニエ[2]と会うことができた。彼はソルボンヌ大学で教えていて、ミゲルの家での最初の会合に参加した。彼の第一印象は素晴らしく、早速、彼の最新の本『単純化された人間[(1)]』を読み、私たちが議論しているトピックにおそらく関係しているいくつかの論点を書き留めた。

　ベスニエの理論は、『ミニマ・モラリア——傷ついた生活裡の省察』でアドルノが述べたことに賛同している。つまり「漠然としたものが許容されない、人間関係における明らかな明確性と透明性の背後に、純粋な野蛮が解き放たれる[(2)]」。技術と数量化への依存が人生を単純化し、より明確に定義されたものにするというのは疑いないが、同時に私たちは、人類を人間（ヒューマン）にするニュアンスや浮き沈み、矛盾や複雑性といったものを犠牲にしている。

---

(1)　Jean-Michel Besnier, *L'Homme simplifié: la syndrome de la touche étoile* (Librairie Artheme Fayard, 2012).

(2)　Theodor Adorno, イタリア語版, *Minima moralia: meditazioni della vita offesa* (La Biblioteca di Repubblica-L'Espresso, 1979 and 1994), p. 38. (＝2009、三光長治訳『ミニマ・モラリア——傷ついた生活裡の省察』法政大学出版局)

前章で、私は仲介者の消滅、および成長し、自分自身になるために、私たちが仲介者から吸収する源（ソース）の消滅について話した。過去の序列（ヒエラルヒー）には、それが時代の論理（ロジック）に影響されて決まるという弱点／欠点があったが、それでも＜偉大な物書き＞は、偉大であることのある種の証を示すことができた。つまり、人々は公認の知識を得るために、書店や図書館に行くことができた。

　さらに、その当時は、書店員と会話することができたし、助言をもらうこともあったであろう。家に持ち帰る本を注意深く選択するために、そこにはメモの内容を尋ねることのできる、本に情熱をもった生身の人間がいた。しかしながら、今日、独立した（本当の、真の）本屋は、閉店せざるを得ない危機にあり、非常に効率的にコンピュータ化され、同時に効率的に非人間化した大手の流通網によって、次から次に押しつぶされている。そして、私たちの子どもたちは、インターネットによって情報を得ている。しかし、ベスニエは言う。「グーグルが検索結果の選択と序列化を可能にするキーワードを、最も高い入札者に売るということを知ったとき、私たちは情報コミュニケーション技術が、それが促進したいものを支持するという、知識の文化変容や摂取に見え隠れする、本当の危険に気づくことになる[3]」。

　ベスニエは、単純化と、言葉で表現できないものを拒否することに基づく、科学的思考の発展の警告的な兆候を明確にするために、デカルトを参照する。また、1984年のオーウェル的なディストピア[3]を思い起こす。そこでは、ニュースピーク（新しい言語：プロパガンダ言語）が、オールドスピーク（古い言語：標準英語）の＜意味過剰な色合い＞を消し去ろうとし、もともとの意味だけを残し、そのリアリティの意味論的複雑さから自由になるように言葉を変えようとした。その濃密さが除去されてしまうと、言葉は＜操作＞になり下

(3)　Besnier, *L'Homme simplifié*, p. 22.

がり、支配者による操縦の言いなりになってしまう。一方、子ども
たちは文章の言葉を最低限にまで省略し、急速に言語の尊厳や本当
の意味を解体する略語や頭字語が溢れる。つまり、健康保険システ
ムがSSNになり、旧来の公共医療サービスがASLと呼ばれるとき、
おそらく、公共管理下のあらゆる種類の社会的利益や社会的保証との
の人間的な関係は消え失せることになった⁽⁴⁾」。

　私はまた、以下の理由でもベスニエの本が好きである。その理由と
は、あなたがベネデット・ヴェッキ [4]と書いたインタビュー／本と、
あなたの『断片化する生活』(1993) で強調している、＜ソリッド＞
な世界と複雑性、＜リキッド＞な世界と単純化との関係を、ベスニエ
が引用しているのに加えて、ギュンター・アンダース [5]――『悪魔
の自然史』(2012) であなたが触れたように、人間が開発した機械が
羨望の的になることを論じた――と、精神療法の患者に共通する、罪
の意識から無力感へと移行することとの関係で、あなたが『44の手紙』
(2010) で参照した、アラン・エーレンバーグ [6]を引用していること
である。

　罪の意識を感じることができなくなることは、ハネケの映画『キャ
シエ』(2005) で、実に見事に示されている。そこでは、文化的教養
のある、裕福なテレビ司会者、ジョージ（ダニエル・オートゥイユ）が、
大きなテレビがはめ込まれた壁に並ぶたくさんの本が、＜普通＞の世
界から、彼とその愛する妻アン（ジュリエット・ビノシュ）を護る要
塞を形作っているように見える美しい家に住んでいる。楽しく知的な
友人たちに囲まれているにもかかわらず、壁にあいた穴は、ジョージ
とアンがコミュニケーションをとれない12歳の息子のせいのように
見えるが、ジョージの過去の生活の隠したい部分の秘密が、血をなが
した子どものクレヨンの絵と一緒に、ラベルのないビデオテープが玄

---

(4)　同上、p. 52.

関口に置かれることで次第に明らかになっていく。

　犯人は明らかでないこの<　事　件　>（インヴェージョン）は、ジョージに、彼の過去、以前に彼の家で働いていたアルジェリア人の夫婦の息子、マジッドのことを考えさせる。マジッドの両親が、パリでのアルジェリア戦争に反対する抗議活動中に、その活動に参加した他の200人のアルジェリア人と共に殺された後、ジョージの両親はマジッドを養子にしていた。ジョージの両親は、罪の意識を感じていたが、当時まだ6歳だったジョージは、自分が望まなかったその子を排除するためにある策略を使った。そのためマジッドは孤児院に送られることになった。ジョージは、彼も現在は父親であるマジッドを疑い追及しようとする。彼は貧しい生活をしており、ビデオテープや絵を送ってはいないと主張し、終には、ジョージを家に招き、彼の目前で自分の喉を切りつける。悲劇であったにもかかわらず、ジョージは、今でも罪の意識を感じていない。

　重要な点は、他者との関係性で、罪の意識を感じるためには、他者は目の前の現実（リアル）の人間として、また<互いに共感できる>誰かとして存在しなければならないということである。しかし、現実の世界では、他者は人々のミクロ、あるいはマクロな営みを達成するのに使われる、単なる道具や対象物として認識されている。そこでは、評価は常に客観的、コントロール可能なものであり、成功は、現実の生活——あらゆる生きることの複雑さによって、重荷だけれども充実もする——に、時間を無駄にしない人々にのみもたらされる。

　私は常に自閉症の不思議（ミステリー）に魅了されていて、この世で最も才能のある著名な自閉症の人物、テンプル・グランディン [7] と話し合った（彼女は、アスペルガー症候群を患っている）。イタリアの出版社、エリクソンが彼女の二冊の本を翻訳した。私は自閉症を患っている人々や、そのような人々の孤立した独特の生活様式に同情を感じていた。しかし、典型的な自閉症というものがないという傾向は、一般の人々の間

で、ますます明らかになりつつあり、自閉症の人の数は、1975年の5000人に1人から、2009年には110人に1人に増加したとベスニエは言う。

この50倍もの増加は、単純にコミュニケーション障害と判断するためのより洗練された技術の結果だとは言えないであろう。多くの専門家は、「環境の要因と遺伝的な気質の組み合わさったものであるという仮説」を喚起している[5]。このケースの場合に、Eメールやツイッター、ブログを使用したコミュニケーションの集中的な活用を、これまでとは違った要因として分析することに、何らの違和感はないであろう。自閉症の人々は、それに秀でており、私たちは皆それに巻き込まれつつある。

では、私たちは皆、自閉症になりつつあるというのは本当であろうか？

Z. B.　世の中にそんなに新しいことはない。ずっと以前に、ジークムント・フロイトが人間行動や人間の相互作用における＜正常＞と＜病的＞の間の非常に意図的な境界線に疑問を投げかけ、ほとんど一掃した。それとともに、それらをお互いに分け隔てている障壁、それは単純さに加えて、どうしようもなく、簡略化できない複雑な生活世界において、＜あれかこれか＞という曖昧でないものを求める常識で固められた障壁だが、それを一掃した。＜自閉症＞を定義づけるどんな試みにも付随する、必要条件、限定、但し書きや添え書きの多さ、およびその兆候のどんなリストにも見られる暫定的な意味合いは、その概念の＜本質的に論争的＞、加えて決着がつかない、実に曖昧な立ち位置を疑いのないものにする。＜Autistica＞の公式ウェブ・サイトで、その組織は「自閉症の原因を解明し、診断の改善を行い、新し

---

(5)　同上、p. 28.

い処置と治療行為を開発する医療研究のパイオニア」に携わっている
と説明し、また「私たちは、イギリスの先導的な自閉症のための医療
研究の慈善団体であり、人々の生活を違ったものにする探索的臨床試
験の資金提供に携わっている」と言う。上記のようにその経緯を説明
したうえで、Autisticaはその事業の中心として、その病状の入り組
んだ性質を明確にすることに取り組む。つまり、「自閉症の範囲はと
ても広い。ある人々は、言葉を理解できず、知的障害があり、他者と
の関わりを持てない。自閉症に含まれる他の人々は（アスペルガー症
候群のように）、大変良い、優れているとさえ言える言語スキルを持つ
のだが、社会的行動を統制するルールを理解するのが難しいように見
える[6]」。問題にしている病気の原因については、決めることが難し
いということがしばしば言われている。

　自閉症に影響する環境の要因については、信頼性のある決定をする
のは一層難しい。また、これらの環境要因が、自閉症を発症するうえ
で、人の遺伝子のリスクとどのように相互作用するのかは良く分かっ
ていない。自閉症の発症のリスクは、親の年齢のような要因と関連づ
けられるのだが、研究はいかなる環境要因と自閉症（ワクチン接種を
含む）との間の直接的な因果関係をいまだ見出せていない。

　おそらく最も困惑させられるのは、自閉症を暗示する兆候であろう。
つまり、社会的コミュニケーション障害、社会的相互作用の困難、社
会的想像性の欠如がしばしば指摘される[7]。しかし、私たちは皆、あ
る時期——それほど珍しくなく——そのような困難を経験しているの
ではなかろうか。経験の共通性を考えると、50万人のイギリス人が

---

(6)　www.autisica.org.uk/about_autism/index.php?gelid=CjoKEQjwxZieBRDegZu
　　j9rzLt_ABEiQASqRd-hfAx6DsonYMiMfV8ti83_5robAAVnpZOjo2BJ5PoZcaAt_
　　a8P8HAQ 参照。

(7)　www.autism.org.uk/about-autism/autosim-and-asperger-syndrome-an-introduction/
　　what-is-autism.aspx 参照。

その症状の重さにかかわらず＜自閉症＞を患っているという推定は、驚くほど当てずっぽうのように思える。

「私たちは皆自閉症になりつつあるというのは本当であろうか？」とあなたは問う。そして、＜社交性＞の困難さ——つまり、お互いの理解を求める交流、お互いの努力によって、その目的を邪魔している障害に打ち勝つことを求める交流（地球のディアスポラ化が、居住地の多様性、異質性、多中心性を増大する結果を生み出し続けるとき、それは日ごとに重要性を帯びる活動である）は——現代の、また今後に長期間束縛される、私たちを悩ます最も一般的で、陰鬱な苦難の一つである。

＜社交性＞は、好奇心の構えであり、実践であると言えよう。つまり、いまだ探索されていない、心をかき乱す知られざるもののようなリスキーな冒険へと門戸を開いておく構えであり、実践である。それは、分け隔て、ドアを遮断、ロックするような、コミュニケーションから退こうとする強い欲求をトーンダウンし、より良く抑える態度である。社交性が可能にするのは、ハンス＝ゲオルク・ガダマーの＜地平の融合＞[8]へと向かうことである——だが、より重要なのは、＜参加する力＞、すなわち、協同ということのシャム双生児である連帯へと道を開くことである。社交性から連帯への道筋のどこかで、新たなスキルの獲得がなされなければならない。つまり、世界を共有し、異質なものと相互作用するという重要なスキル——そのスキルなしには、＜見知らぬもの＞、曖昧でこれまでは謎めいていたものに打ち勝つことができない——また、しばしば不確実性（どう対処するか分からない）に出会ったときの不安／恐怖を打破し、潜在的に麻痺させることができない。けれども問題は、今日の社会の多くの側面が、そのようなスキルの獲得を邪魔する傾向にあり、またそのようなスキルを獲得しようとする努力をさせないようにする傾向があることである。それらは、精緻な方法であったり、粗雑な方法であったりするが、公には（明確に与えられた＜理由に訴える＞ことによって）、また秘密裡には（相互作

用の環境や行為の道具を操作することによって）行われる。オフライン
の存在の不快な多様さからのオンラインの避難所は、最も主要――お
そらく主要で最も効果的――な方法の一つであり、そこで具合の悪い
影響が引き起こされる可能性がある。

　現在までに、私たちの起きている時間のほぼ半分を侵略、併合、植
民地化した帝国――＜オンライン＞帝国――が、目下、ますます多く
の人々が好んで加わる気分を醸成しているように見える。人気のある
（実際、ますます一般化し、普遍的になりそうである）社会的技能や機転
の良さへのその影響は、日ごとに拡大し深まりつつある。私たちの住
む二重世界のオンラインの世界は、多様性との共生に挑むのを、うや
むやにする可能性を提供している――それはオフラインの世界、つま
り学校、職場、近隣、都市の道路では、ほぼ望むことができない可能
性である。そのような挑戦にまともに面と向かい、社交性から協同へ、
そして協同から連帯へと続く、長く、でこぼこの曲がりくねった道に
踏みだす代わりに、オンラインの世界は、その訪問者を、他では得ら
れない隔離、彼／彼女らに関心を持たず、気づかない振りをするとい
う贅沢で魅了する。オンラインの世界が結果として提供するものは、
ある種の＜心地よい居場所＞である。つまり、オフラインの現実の慌
ただしさから切り離された、よそ者のいない――それゆえトラブルの
ない――場所である。

　フェイスブックの＜友人のネットワーク＞は、デジタルの領域にお
ける、大規模な有形ゲーテッド・コミュニティである――オフライン
の複製（レプリカ）とは異なり、入口の監視カメラや武装した守衛は必要ないけれ
ども。つまり、マウスと魔法の＜消去（デリート）＞キーで武装された、ネットワー
クの指揮者／管理者／消費者の指さえあれば十分なのである。それゆ
え、人間に普遍的なものである社交性は、協同という信頼のおけない
実践、そのような実践を育む＜地平の融合＞や、最終的には連帯へと
導く実践へと入り込むリスクを負うことがなくなる。そのようなリス

クを受け入れないと、社会的なスキルは使われず、やがて忘れられて
しまう——そして、そうなるにつれて、よそ者の存在が、ますます怖
く、不快で、反発を招き、ぞっとするものになる。一方、そのような
存在と共に、満足のいく生活様式を模索する試みの難しさは、一層大
きく、乗り越えられないように思える。

　多くの人が社会心理学の父と見なしているドイツ系アメリカ人の心
理学者、クルト・レヴィン[9]は、第二次世界大戦中、当時はまだ珍しく、
診断未確定の障害を持つ前線の兵士に付き添うように委託された。彼
らは厳格で、反復的で、破ることのできないルーチンは完璧にこなし
たが、問題の兵士たちは、選択行動を取る必要のある場面に遭遇する
たびに——不運な、どうしようもない——放心状態に陥っていた。彼
らの障害の性質を把握するために、レヴィンは＜行為＞の概念を二つ
に分けた。＜具体的＞な行為と＜抽象的＞な水準の行為である。その
ことは、前線で打ちのめされる犠牲者に見られる特定の病気は、二つ
のうち、二番目の水準に基づく行為能力の欠如であったことを示唆し
ていた。私たちの問題に非常に関係しているのは、その苦痛に対処す
るために、レヴィンが考案した治療の方法である。つまり、その居住
者が、異なる選択肢を比較し、評価し、選択する必要が全くないよう
に設計された生活空間（たとえば、各部屋に一つのドア、一つの電源スイッ
チ、一つの——それもたった一つの——行く場所に導くように特定の色で
床に描かれた線）の活用である。そして実際、そのような曖昧さのな
い単純化された空間へ、外部から訪れた者は誰もが、居住者の行動に
おいて、＜異常さ＞や病的状態を感づくことができなかった——すな
わち、そのような居住者が、この両方の水準を場合に応じて行動する
能力を要求されることのない、その作られた空間に留まる限り、その
ような行動を認めることはできなかった。

　＜社会的なウェブ・サイト＞は、クルト・レヴィンの独創的な仕掛
けに似ているのであろうか——たとえ、扱われる苦悩は異なるにして

も。両方のケースで、私たちは似たような方策を見出す。つまりそれは、予想できないリスクに満たされた＜現実の世界＞で居心地が悪く、途方に暮れている人々のための＜心地よい居場所＞を提供しているのではないか。そして、それが、彼らが十分には適応できない、したくない、あるいは気にしなくてよい社会的スキルのための標準を設定しているのではないか。トラブルのない場所、安全な場所、そのなかで＜通常の生活＞を行うことができる場所が、もしも、それをオフラインでやろうとしたら、支払いを請求されるだろう代金を払うことなく、また学習したり、深めたりする必要のあるスキルなしに、人々の願望に沿い、ニーズを満たし、夢を叶えているのである。それは、レヴィンの患者の場合と同様に、苦痛を受けている人から、その苦痛を治療しない方策のようなものではないか――もしあるとすれば、それは、その重大さを露呈しそうな抑圧を緩和し、治療の必要の重要性や緊急性を奪い取ることによって、その苦痛を囲い込み、耐えられるものにすることなのではないか。それは、異常さを普通に変えることで、その効果を発揮することができるのであろうか。それによって、相互作用のもう一つのパターンを、より困惑させる、不安を生み出す、概して受け入れられそうにないものにするのではないか。そして、因みにそれは、オンラインが生み出した自閉症の患者が、オフラインの世界――この世界の自閉症の様式を、病理として扱う世界――を生きるのをより生きづらくし、オンラインの＜安全地帯＞内に隔離されることに、ますます依存するようにさせるのではないか。

第8章

21世紀のメタファー

R. M. 『花のなかの少女たちの陰で』のなかでエルスターのことを話すとき、マルセル・プルーストによって語られたメタファー弁護の傾向を、私は『社会学の使い方』のなかに再び見出した。私たちが以前に議論した 伝 達^{トランスミッション} という基本的な問題を思い起こすとき、その傾向が、あなたの娘のアンナ・スファード^[1] のテキストからの引用で示されるということは重要である。

> 音が音楽を構成する不可欠な要素であるのと同様に、言語は概念作成の不可欠な要素である。既成の考えを把握するための単なる道具としてよりも、むしろそれは［……］新しい概念の創造が生じる媒体である。それは私たちの経験を組織化していた概念構造の担い手である。［……］概念構造の推移のお陰で、言語それ自身は常に発展のプロセスのなかにある。生きている器官のように、言語はその遺伝子に刻まれた変化と成長を避けられない。要するに、メタファーに関する現代研究の最も重要なメッセージの一つは、言語と認知、および知識が分離不可能なほどに絡まり合っているということである⁽¹⁾。

(1) Zygmunt Bauman, Michael Hviid Jacobsen and Keith Tester, *What Use Is Sociology? Conversations with Michael Hviid Jacobsen and Keith Tester (Polity, 2014)*, p. 84.（＝2016、伊藤茂訳『社会学の使い方』青土社）

人間をその社会的な仮面の背後で定義づける、心の言うに言われぬ様や連続的でない様を表現できる言葉、またその表現の仕方が理解できる言葉を探す過程で、プルーストは他の誰よりもメタファーを用いた。彼はフランスの文芸に通じた知識人に、初めは馬鹿にされていた。とりわけ、後に彼の偉大さを認めるジードによって。しかし、重要なことは、「言語と認知、および知識は分離不可能なほどに絡まり合っている」という、まさにアンナ・スファードが見事に言い当てた点にある。

　そして、昔の人が、メタファーを「明快さのためには、むしろそれなしで済ませる些細なものとして、スピーチの単なる装飾品[2]」として捉えていたことがいかに誤りであったのかを、あなたは自著のなかで説明している。反対に、「メタファーは極めて重要な役割を提供する。それは想像力と理解力を提供する。メタファーは想像のための欠くことのできない足場であり、おそらく理解の最も効果的な道具である[3]」。あなたはまた、私たちの尊敬するグレゴリー・ベイトソン[2]と彼の「第三の学習状況、つまり、さもないと気がつかない特徴を、顕著にするための新たな認知枠組みにおいて、新しい現象を捉えるためには、あまりにも濃密、あるいは希薄な既成の概念のネットワークを再構築する必要性[4]」を取り上げる。

　最終的な結論としては、リアリティが重要な仕方で変化し、眼前の新しいイメージを捉える言葉がなく、今まで適切であった言葉で、そのような事柄を説明する仕方が分からない場合に、メタファーは私たちの助けになる。「権力、階級、集団、人間関係、社会的絆、社会それ自身でさえ[5]」メタファーの対象であり、＜リキッド・モダニティ＞というあなたの概念が、ヨーロッパ中央銀行総裁、マリオ・ドラギから、鋭敏で急進的な＜レプッブリカ＞のジャーナリスト、ミケーレ・

---

(2)　同上、p. 78.
(3)　同上、p. 78-9.
(4)　同上、p. 77.
(5)　同上。

セラまで、多くの人々によって使われた。メタファーは、私たちがこの世界の方向性を見出すのに役立つのである。

　では、＜リキッド・モダニティ＞以外に、21世紀のメタファーには何があるであろうか。私の友人のステファノ・タニは、彼は文学の教授で、9年間アメリカで教えていて、現在はイタリアに戻り、ヴァロナ大学でテニュアを取っているが、3つの項目を挙げている。スクリーン、アルツハイマー病とゾンビの3つである[6]。スクリーンは自分自身を見ることであり、アルツハイマー病は自分自身を空虚、空っぽにすること、ゾンビは自分自身を転換することである。

　書かれたものから、インターネットへ接続するスクリーンへの推移に先立って、対話から書かれた言葉への推移があったとタニは言う。実際、自分の言葉を書かないようにという要望に逆らってソクラテスを裏切ったのは、メタファーに対してかなり見下すような疑念の態度を示したプラトンであった。そして無論、カフカもまた友人マックス・ブロートによって裏切られた。ブロートは自分の作品を燃やすようにというカフカの指示に逆らって、さもなければ紛失したであろう彼の傑作を世に伝えた。しかし、書かれたものからコンピュータ、タブレットないしはiPhoneのスクリーンへのこの推移は、より決定的なことである。結局、考えを書き留めるということは、より深い考察を引き出す。書いた人は自分の思考を再考し、それをより発展させ精緻化させる。書くということは、ネットワークが束の間の表面的なものであるのに対して、より深く再考することである。「リキッド・モダニティの世界では、どの水中のダイバーにも自殺願望者がいて、溺れたい人、水面を横切りながら水面に浮く餌を掠め取る、カモメになりたい人がいる[7]」とタニは書く。

---

(6)　Stefano Tani, Lo Schermo, *l'Alzheimer, lo zombie: tre metafore del XXI secolo* (Ombre corte, 2014).

(7)　同上、p. 9.

これは自撮りの時代における規範である。それは極端な自己中心性への依存であり、また社会を排除し、各人が自分自身で自分は一人と見なし、ますます恐ろしく、敵対的なものとして描かれ、認識される世界の中で、自分自身でもってのみ安心感をいだくという事実に依存している——最終的に、スクリーンは鏡に匹敵するものになり、最も防御的な自分自身の延長を意味している。人間が伝統的に背後から自分たちを支える作業工具を、どのように使っていたのかをタニは示す。「手押し車からチェンソーや電気掃除機まで。普通、私たちは対象物を——言ってみれば——直視はしない。しかし、大昔、人間が顔と顔を突き合わせたときに、お互いへの相互感情を発展させたように、今日同じく、愛着と言うのではないかもしれないが、人間はそれを使うために、必然的にディスプレイと呼ばれるスクリーン端末を直視しなければならない。そのためスクリーンに対する依存度を強めつつある[(8)]」。そして、実際スクリーンは、全くの敵ではないかもしれないが、少なくとも潜在的には自分を傷つける他者の干渉から、自分を保護するスクリーンであり、盾（シールド）である。

　今日、2014年6月25日、あなたへのこの小論の結論を再び書き始めた。そして、＜レプッブリカ＞にあなたの概念を裏付ける一編を見つけた。そこでの論説、「デジタル移民としての私たちの生活」で、あなたは心地よい／便利なオンライの生活に私たちが支払うコストに言及している。それは「注意力、集中力、忍耐力、長続きする生活の可能性という問題」である。タニは自著で21世紀の二番目のメタファーである、アルツハイマー病を論じている。

　　（結核のように）消耗によってではなく、また（癌のように）侵入によっ
　　てでもなく、逃避によって、身体からの自我の撤退が、前の世代が経

---

(8)　同上、p. 40.

験したものと比較して、その強度、数において、圧倒的な情報や要求の多さから成る生活全般に重要な影響を与えた。[……] アルツハイマー病を患う者は、記憶（メモリー）を消失したコンピュータのようである。それはその機能と、それゆえ、その意味を欠いた単なる容器になっている——電子回路基盤（マザーボード）は磁気化されず、パスに上書き（オーバーレイ）されたデータは、もはやプログラム化されたイチ／ゼロのフローではない。希望のない、不具にされた、失語症で記憶喪失の登場人物でもって、サミュエル・ベケットは、この空虚化する21世紀のメタファーを予言した先駆的な劇作家であった[(9)]。

　もう一つの問題は、この＜空虚化＞の進展が、莫大な情報のフローが注がれているにもかかわらず、今日生じていることである。というのは、あなたが強調したように、記憶は電子デバイスに任されていて、私たちが成っていると思っている＜アップグレードされた＞人間は、もはや使われない能力を喪失するのを避けられない。マクルーハン[3]を引用してタニが言うように、あらゆる拡張はまた切断でもある。「いかなる発明、技術も私たちの肉体的な身体の拡張であり、自己切断である。そして、そのような拡張はまた、他の器官とその身体的拡張との間での新しいバランス、均衡を要請する[(10)]」。

　あなたはしばしば、西洋社会のすべてで発展した、新しい廃棄物管理産業について触れる。同様に、私たちが毎日受け取るニュースは、前日までに受け取っていたものを消し去り、忘れさせる狙いがある。私たちは、＜公式＞のメールボックスに何とか潜入しようとする、スパムや望まないメッセージを消去するのに忙しく、単に電子的エチケットではない、本当に意味のあるメッセージを書く時間がない。タ

---

(9)　同上、pp. 66-7.
(10)　Marshall McLuhan, *Understanding Media: The Extensions of Man* (McGraw-Hill, 1964), p. 49.（＝1987、栗原裕・河本仲聖訳『メディア論——人間の拡張の諸相』みすず書房）

ニが以下のように言う。

　　一つのものを保存するために、他のものは消去され、他の活動が削
　減される時間と同様に、何事もとても短い間しか継続しない。休暇も
　結婚式もそして仕事も、しばしば短期間の契約によって制約されてい
　る。[……] すべてが間接的であり――ハード・ディスクでは――直
　接的なものすべてがしばしば不適切であるように、私たちは又聞きの
　情報やイメージにとても馴染んでいる[(11)]。

　ゾンビのイメージは、アルツハイマー病のメタファーから生じる。
身体が常にスポーツジムで鍛錬され、ダイエットを通して＜細身＞で
かつ＜健康＞に維持されている世界では、やっているはずのことや、
反対にやってないことによって、身体が私たちのアイデンティティの
証となるということにはならない――このことは、仮想的な関係にあ
る場合には、私たちの心（マインド）が、唯一ある種の価値をまだ持っている人
間的なものであることを示唆している。この観点を私たちから剥奪す
ることで、アルツハイマー病は私たちを不死身のゾンビに転換する。
　タニはアルツハイマー病と電子デバイスとの間の強い関係性を指
摘する。そこでは、リサ・ジェノヴァ[4]の小説『スティル アリス[(12)]』
から説得力のあるコメントを引いて、私たちは自分の自我、あるいは
＜アイ・オー（入出力）＞に委ねているとタニは言う（iPhoneの最初
の文字が小文字の＜ i ＞で、大文字の＜ I ＞や＜ Io ＞でないのはおそら
く偶然ではない。フォーン＜phone＞のために、あたかも主権を目新しい
道具に譲ったようだ）。アリスは並外れた記憶をもった、聡明なハーバー
ド大学の心理学の教授であり、複数の作業を同時に並行して行うこと

⑾　Tani, Lo schermo, *l'Alzheimer, lo zombie*, p. 74.
⑿　Lisa Genova, *Still Alice* [2007] (Simon & Schuster, 2009). (＝2015、古屋美登里訳『ア
　リスのままで』キノブックス)

が得意である。「彼女はいつも同時に3つのことを為し、12のことを考えていた[13]」。しかし、50歳のときに、アルツハイマー病の初期症状を発症し、数か月の内には、彼女のすべての生活がバラバラに崩壊してしまう。

　彼女の家族は、まるで彼女がいないかのように、また、まるで彼女が部屋の置物であるかのように、彼女の前で病気について話す。彼女は公衆の面前で話をすることは不可能になった。彼女は何もかも忘れているので、自分のブラック・ベリーにプログラムされている指示書に頼っている。それはあたかも、不眠症に襲われ（記憶を喪失した）、ガブリエル・マルシア＝マルケス[5]による『百年の孤独』の主人公が、書かれていた内容が理解できなくなるまで、紙片に書かれた覚え書に頼っていたのと同じように。アリスはまた、効果のない治療に自殺を決意し、これらの指示も彼女のブラック・ベリーに書き込まれる。しかし、苦難の日々の末、彼女の夫が冷蔵庫のなかに、取り返しがつかないほどに壊れた彼女の携帯を見つける。そして、これが本当の終わりである。「何と馬鹿なことか。なぜ私は死んだ電子的な黒幕（オルガナイザー）にこのように動揺させられているのであろうか？　多分、彼女の黒幕の死は、ハーバード大学での彼女の地位の死を象徴しており、彼女はこの職業の喪失を嘆き悲しんでいた。それもまた理解できたが、彼女が感じていたものは、ブラック・ベリーそれ自体の死についての慰めようのない悲嘆であった[14]」。

　タニは自著のなかで、あなたとあなたの著書『ホモ・コンシューメン[15]』（2007）にとても敬意を払っている。タニは、ジョージ・A・ロメロのゾンビに関する二本目の映画『ドーン・オブ・ザ・デッド』の場面を描写している。この映画でゾンビは、ラザラスのように完全に

---

(13)　同上、p. 33.
(14)　同上、pp. 268, 9.
(15)　Zygmunt Bauman, *Homo consumens* (Erickson, 2007).

死んでいるわけではないけれど、また本当に生きているわけでもなく、生きていた間、一番好んだ場所——モール——に呼び戻されるのを避けることができないと感じている。そして、ヘリコプターで頭上を飛ぶ生き残った人間たちが、よたよた歩く気味悪いゾンビを見るのは、そのモールにおいてなのである。誰かが「彼らは何をしているのか。なぜここに来るのか」と尋ねる。そして、誰かが「ある種の本能だ。以前彼らがやっていたことを記憶している。ここは彼らの生活にとって重要な場所であった」と答える。タニは以下のように言う。

> ゾンビは、意味ありげに、また不吉に消費者として現れる。腐りながら、よたよたしつつ彼らの地球上の楽園に戻って来る。そこは彼らの記憶に残っている唯一の場所である。西洋の不安定な富裕層と福祉国家が存在する限り、消費者は消費によって自分自身を消費し、終には、東洋から来た熱心な見習いの消費者によって、消費されるであろうと付け加えることができる[16]。

あなたは、この新たな世紀のメタファーを、適切なものと見なすでしょうか。また他のメタファーを思いつくのでしょうか。

Z. B. 英語の翻訳が出るまでにおそらくまだ少し時間がかかるので、私がステファノ・タニの原本を読むことができないのが残念である。あなたの引用や論評から、タニは示唆に富む、共有すべき素晴らしい洞察力を持った、鋭利で独創的な思想家であると感じる。そしてジョージ・レイコフ[6]とマーク・ジョンソン[7]の基本的な研究『メタファーに満ちた日常生活』(1980)（邦訳は訳注参照）を思い起こさせる。「メタファーは毎日の生活に浸透している。言語だけでな

---

(16) Tani, Lo schermo, *l'Alzheimer, lo Zombie*, p. 91.

く、思考や行為にも浸透している。私たちがその観点から考え行動する、通常の概念システムは、基本的にその性質上比喩的（メタフォリック）である。」メタファーは、「最もありふれた些細な事柄に至るまで、私たちの日々の活動を統率している」。タニは、21世紀の生活経験を把握し、特徴づけるのに、最も良く適合する重要な3つのメタファーを提示し、単に私たちが暮らす世界の考え方だけでなく、そのなかでの私たちの＜日々の活動＞を再考し、刷新することを狙っている。あるいは、メタファーがもつ行動管理の力を前提として、すでに現在、進みつつある再考／刷新する働きを支援し、合理化することを狙っている。

　タニの選択の著しい特徴は、提案された3つのメタファーが、すべて自我に関係していることである。その目的は、現在、私たちが自分自身について考え、行動する傾向はどのようなものかを把握し、分かりやすく示すことである。それゆえタニの選択は、それが示唆することに加えて、私たちの思考や行為の中心的な前提は、自己への言及だという考え方である。実際、自己言及性がタニの選択した3つのメタファーすべてに共通する特徴である。タニの選択に明言されていない——暗示はされているが——メタ・メタファー、あるいはマトリクス・メタファー——つまり、21世紀の比喩的表現の他のすべてを決定づける統合的なメタファーは——それゆえ、ナルキッソス[8]である。

　そして、21世紀のメタファーがそうだとしても、全く不思議ではない。19世紀から20世紀のメタファーは——彼自身の完璧な設計と制作技術の創造物である——ガラテイアに恋したピュグマリオン[9]であった。畏敬と、驚きと、称賛に圧倒されて、ピュグマリオンは自分の創造力の完璧なあり様に跪いていた。ガラテイアは、人間が——少なくともそのなかでの偉大で巨大な芸術家が——この世界を扱ううえで、つまり物質と精神、自然と社会を扱ううえで、できること、しつつあること、すると決めたことの象徴であった。彼女は、世界を、人間の夢や考え、意志やノウハウに順応させ、従わせる人間の能力、

この人間にありがちな能力の象徴であった。この世界の管理を担う人間の歴史的な冒険が、そのピークに達したのはまさにこの世紀であった。そして、その冒険者は、（ラインハルト・コゼレック[10]の絶妙なメタファーを用いて）これまで見えなかった山道の、もう一方のスロープを垣間見るような感覚であった——それは、地味で、しばしば憂鬱で、落胆させる現実を伴いつつ、楽観的で、陽気な予感に向き合いながら登っていた山道であった。

　メタ・メタファーは死んだ。生きているメタ・メタファーは……ピュグマリオンと共に葬られ、その王位は継承者、ナルキッソスを受け入れるべく空いていた。王朝に変化はなかった。ナルキッソスとピュグマリオンは両者とも同じ、力と慰めの贈物で名高い、尊敬されるプロメテウスの系譜の子孫であった。しかし、たまに起こるのだが、新たな王位の占有者の即位は、信仰と崇拝における変化——それも根源的な変化——の合図であった。現在は、そのときと同じように、君臣信教一致の原則である（今日の最高の支配者が、モダン時代、閉塞的でおせっかいであると同時に、濃密でこれまで以上に啓蒙的なコミュニケーションを伴う、拡大する分化と、断片化の時代の開始を宣言したように）。人間が創り、人間によって管理される世界（自然あるいは社会の特徴によって示される）は、もはや新しい寺院の祭壇の上をさまようことはない。しかし、その生産者／経営者に代わり、彼自身——今はオフィスからは退いたが、この世の自己に着目し、自分に気を配る消費者という形で生まれ変わった。

　消費者……もう一つのメタファー！　その（ラテン語の）語源——＜consumere＞——は、「使い切ること、使い果すこと、使い古すこと、破壊すること」を意味する。その反対（同じくラテン語）の多くの関連した意味のなかで、生産者——＜producere＞——は、「取り出すこと、産み出すこと、世界に持ち込むこと」のような比喩である。その本質に立ち戻れば、それは私たちが共有している世界へ付け加える

ことと、差し引くことの間の対立である。あるいは、創造することと、破壊することとの対立である。

　社会の中心的な人々の役割（従来の人類学者なら、その＜基本的な性格＞と言ったであろう）において、消費者が生産者に取って代わるという最初の予兆は、ヴィクター・ルボウ[11]によれば、すでに1955年に到来していた。

　　私たちの巨大な生産経済は、私たちが消費を生活様式にして、購買や商品の使用を儀礼的なものにして、消費に精神的な満足や自我の充足を求めることを要求する。社会的地位、社会的受容、威信の尺度は、今では消費のパターンに見出される。今日、生活の意味や重要性は、消費の言葉で表される。安定的で受け入れられた、社会的標準に合致すべきという個人へのプレッシャーが、大きければ大きいほど、人はますます着るもの、運転するもの、食べるもの——家、車、食べ物の種類、趣味といった観点から自分の願望や個性を述べる傾向にある[17]。

　さて、60年後、新しい状況が、ジャック・ペレッティ[12]によるBBCの『私たちを消費させる男たち』に関するミニ・シリーズで生き生きと描かれた。そのシリーズについての論評で、フィリパ・ジョデルカ[18]は、「番組が示すように、私たちのすべての経済活動が、この永続する消費の機械に依存しており、それが駄目になるとき、いわば文明が死ぬことになる」と言う。

　ナルキッソスの像が、ピュグマリオンの像に置き換わり、私たちの世紀の中心的な住人のメタ・メタファーの役割に取って代わるのに相応しいもう一つの理由、それは、もしもピュグマリオンが、忍耐と耐

---

(17)　http://hundredgoals.files.wordpress.com2008/07/17australia-pope-attacks-consumerism. 参照。

(18)　'In His New Series Jacques Peretti Shows How Determined People Are to Get Us Buying Stuff. And Just How Willing We Are to Comply', *The Guardian*, 28 June 2014.

久性の縮図である大理石に刻まれた重く堅い像に恋したとすれば、ナルキッソスは川面に映った自分の像に夢中になったことである。それは絶えず動いて変化し続けており、すでにヘラクレスが、人は二度と同じ川に入ることはできないと察していたような不安定性の縮図である。

　後の『人生使用法[19]』——私の見解では、これまでで20世紀の経験の最も良い要約である——の著者であるジョルジュ・ペレック[13]が、『物[20]』で、ナルキッソスの差し迫った到来を予感した、おそらく最初の著作家であった。その小説の主人公、ジェロームとシルビー、それぞれ24歳と22歳（若い？）について、彼は次のように書いた。「悲しくも彼らは、唯一の情熱しか持ち合わせていなかった。より高い生活水準への情熱であり、それは彼らを消耗させた[21]」。クリストファー・ラッシュ[14]が『ナルシシズムの文化』——後に立ち戻る基本的な研究——で、このような世界における生活経験を要領よくまとめたように、「私たちの社会では、日々の経験は人々に、新しい玩具とドラッグの終わりなき供給を欲し、必要とすることを教えている」。20世紀への変わり目に、ソースタイン・ヴェブレン[22] [15]は、来るべき事柄、すなわち、一つ上の地位を掴もうとする私たちの絶え間ない努力に、ジェロームとシルビーの人生の軌跡を重ね合わせる、前触れ的な兆候に着目した。「各社会層の人々は、相応しい理想として、一つ上の社会層で流行っている生活の仕方を受け入れ、その理想に沿って自分たちのエネルギーを注ぎ込む。失敗した際に、彼らの名声と自

⒆　Georges Perec, *La vie: mode d'emploi* (Hachette, 1978).（＝1992、酒詰治男訳『人生使用法』水声社）

⒇　Georges Perec, *Les choses* (René Juilliard, 1965). David Bellos 訳, *Things: A Story of the Sixties* (Vintage Books, 2011)（＝1978、弓削三男訳『物の時代——小さなバイク』白水社）より引用。

㉑　Perec, *Things*, p. 35.

㉒　Thorstein Veblen, *Theory of the Leisure Class* (1899).（＝1998、高哲男訳『有閑階級の理論』筑摩書房）

尊心を失うという苦しみについては、少なくとも見かけ上は、彼／彼女らは受け入れたやり方（コード）に従わなければならない[23]」と彼は言う。そこが問題である――「少なくとも見かけ上は」。ヴェブレンがこのようなことを論文に書いてから60～70年経って、見かけはリアリティを獲得し、リアリティの領域を支配／植民地化した。それはボードリヤールの言う＜シミュラークル＞の地位に上り詰めた。現実と見せかけの相違を消し去り、その相違をデリダ[16]の言う＜決定不可能＞に委ねる――ちょうど病気とその振りをすることの間の相違が分からない心因性の病気のようである。ナルキッソスは、水面に映った自分の顔のように、見かけの現実を生きている。ナルキッソスは、見かけ（外見）が極めて重要である時代のメタ・メタファーの役割を獲得する。そのような時代では、デュルケームの言う＜社会的事実＞になるのは見かけなのである（デュルケームが説明するように、社会的事実は堅固で不変――圧倒的で、不屈、交渉不可能、議論の余地のない、あるいは当然のこととして無視してしまいたいものである）。それは常に私の一歩先（あるいは一つ上の階層）にあり――他の誰も（ほとんど皆）と同じように、私にとっての生活は、その水準、つまり＜流行りの生活の仕方＞に自分自身を引き上げる永続的――絶望的なほど不毛――な努力をすることになる。異なるけれども同様の構造的問題に直面して――ハリー・トルーマン[17]が印象的に断言せざるを得なかったように、その責任は自分自身にある。

　スクリーン、アルツハイマー病、ゾンビというタニのメタファーは、自己言及性という特徴でとても似ているが、ナルキッソスのメタ・メタファーのマトリクスに根ざした（それによって認められる、それによってもっともらしくなる）置き換えのように見える。＜自分自身を見ること＞に言及するスクリーン、＜自分自身を空っぽにする＞ア

---

(23)　Thorstein Veblen, *Conspicuous Consumption* (Penguin Books, 2005), pp. 57-8.

ルツハイマー病、そして＜自分自身を変える＞ゾンビは、ナルキッソスの特性／様相の意味を明確に示すものである。というのは、消費者社会における生活の実存的条件のようなこれらの行いは、彼／彼女らの 商 標（トレードマーク）になったからである。

　身体の外部に関する、自己イメージを超えた＜向こう側＞の世界についての私たちの認識は、＜自撮り＞のパターンに従いつつある。つまり、その手口（トリック）は、ごく最近技術的に可能になったものであり、現在、夢中に使われているもので、他のすべての写真記録のやり方が、急速に時代遅れとなり、猛烈なスピードで置き換わりつつある。ニコラ・ルソーが最近以下のように指摘した。

　　　今日、自分の写真を、わざわざ遠隔あるいは自動シャッターを使って撮りたいと思う人は誰もいない。私たち、現代のナルキッソスは、シャッターを押す前に、自分の顔の前にただカメラないしスマホをかざす。そのカメラはもはや世界に開かれてはいない。つまり、それは私たちを囲い込んでいる。消 失 点（バニシング・ポイント）は地平線上にではなく、カメラを支えている腕の延長、私たちの身体上にある[24]。

　でも、私たち＜現代のナルキッソス＞はなぜ、自分たちの生活の継続的なドキュメンタリーを撮って措くために、カメラやスマホの＜自撮り＞を、とても熱心に、また勢力的に使うのであろうか。私は、この一風変わった、文化的転換（ターン）についてのクリストファー・ラッシュの説明を、これまでのなかでは飛びぬけているものとして評価したい。ナルシシズムは「諦めた者の世界観だ[25]」とラッシュは言う。

(24)　Nicolas Rousseau, 12 July 2014, www.actu-philosophia.com/spip.php?article382.
(25)　Christoper Lash, *Culture of Narcissism: American Life in an Age of Diminishing Expectations*［1979］(W. W. Norton & Co., 1991), p. 50.（＝1981、石川弘義訳『ナルシシズムの時代』ナツメ社）

　未来がないことを恐れる社会は、次世代のニーズと絶えず存在する歴史の不連続性——私たちの社会の破滅——という見方にあまり関心を持ちそうにない。[……] 危険な、人を寄せ付けないような場所としての世界の認識は、それは現代の社会生活の現実的な不安に根ざしているが、外部への攻撃的な衝撃のナルシスト的な投影によって補強される。[……] 個人的関係の崇拝は、それは政治的解決の希望が後退するにつれてますます強まるが、ちょうど好色の崇拝が、その最も原始的同然な形で好色の否認を暗示するように、徹底した個人的関係の幻滅を覆い隠す[(26)]。

　「心（インナー）の空虚さ、孤独、本物の自分でないという心理的体験は、[……]（社会の）戦争のような状態、私たちを取り巻く危険、不確実性、また将来への自信喪失から生じる」。私たちは、「依存の恐れを伴った他者によって提供される身代わりの優しさ」にますます依存している。「親切心のアメリカ的な崇拝（カルト）は、財や地位をめぐる壮絶な競争を覆い隠すが、根絶はしない」とラッシュは結論づける——実際、社会的生き残りに関する——私たちのニーズや願望に対して、露骨に、また屈辱的に極めて無関心であり、ひどく腹立たしく、思い通りにならない社会において、そうなのである[(27)]。ラッシュの著作のタイトルにおける＜ナルシシズムの文化＞は、より優しい世界を創るという希望の放棄を映し出している。棄却、排除、絶望的な孤独という経験、ひどく不適切な自分自身の資源に頼らざるを得ないという経験、（フロイトが1914年の「ナルシシズムについて」というエッセイで言ったように）＜海のような子宮の満足感＞の原初的な楽園から、幻想（ファンタジー）以外には帰還することができずに、追放されるという経験、そして、私たちは残りの人生を、それを取り戻すことに——無駄に苛立たしく——励んで

いるが、そういった経験から＜ナルシシズムの文化＞は生まれ、発展する。

　私たちは、人間の歴史の初めから＜ナルシシズムの文化＞を経験しつつあったのかもしれない。しかし、共同的、あるいは家族的な絆の濃密な網の目――＜自然に与えられたもの＞だが、そのような独創的、芸術的なものが、安心安全の涅槃スタイルの至福に取って代わる――があった以前からではない筈である。現在は、そのような絆は、猛烈な競争とお互いの疑念と敵意によって、信頼できず、脆く、引き裂かれたものになっている。「結合の願望と分裂という事実の間の緊張[28]」がこんなに大きく、有害で、憂鬱な時代はこれまでになかった。その社会では、成功は単に進歩を意味するのではなく、他者の先頭になることであり、マイケル・マッコビー[18]が250人の経営者の調査研究で報告したように、＜個人的な親密さや社会的責任＞というものに残された余地はほとんどなく、しかもそれは重要性を失いつつある[29]。私たちの時代のナルキッソスは、それがたとえ控え目な成功であったとしても、二つの正反対な戦略の間を揺れ動くことで、その何もできなくする緊張を懸命に和らげようとする。一つは、＜母なるもの＞との再結合である――それは、本質主義者、宗教あるいは世俗のセクトから、フェイスブックの＜友達＞のネットワークにまで及ぶ、紆余曲折した姿に変わってはいるけれども。そしてもう一つは、＜完全な自己充足の状態＞、＜他者に対する如何なるニーズも拒絶すること＞である[30]。状況の改善のために最大限の努力をする一方、それに笑って耐えることである。この二つの方策は共に、一時的な猶予というよりも、長期的な解決策として有効ではない試みである。ジャン・M・トゥエンゲとW・キース・キャンベル[31]が、辛辣な態度で、また残念なほ

⑵　同上、p. 242.
⑵　Michael Maccoby, *The Gameman: The New Corporate Leaders* (Simon & Schuster, 1976), p. 104. ここでの引用は、Lasch, Culture of Narcissism, p. 44 に基づく。
⑶　Lasch, *Culture of Narcissism*, p. 44.

ど正しく、「ナルシシズムは魂のファースト・フードである。それは、当座はとても美味しいが、長い目で見れば、有害で悲惨でさえある結果をもたらす。しかも、それは広く普及する魅力を持ち続ける」と指摘する。

「苦悩や貧困、およびすべてを得られるという期待と、その限界という現実との間の矛盾への高まる脆弱性のなかで、今日、とても多くの人々を悩ます、ホームレス状態や強制退去という感覚[32]」によって特徴づけられる社会で——ラッシュの指摘によれば——ナルキッソスは正当にも、メタ・メタファーの地位に高められる。このような社会において、私たちが追い求めるものは、私たちの願望とは無関係に、しかも＜私たちの要求に応えてくれる＞、そういう——それしかない——環境での満足のいく生活である。愛と仕事が、「私たちの一人ひとりが、自分の身の周りの小さな世界を探索するのを可能にし、思い通りにそれを受け入れることを可能にする。しかし、私たちの社会は、小さな幸せの価値を切り下げるか、あるいは小さな幸せに過剰な期待をよせるかのどちらかである。［……］私たちは、生活にあまりにも多くのことを要求し、自分たち自身にはほとんど何も要求しない[33]」とラッシュは言う。

「もしも打ち勝てないなら、それに従え（長いものには巻かれろ）」とイギリスの民衆の知恵が教えている。ナルキッソスは、消費者の原型であるが、彼の野望と期待を満たすために、大方忘れられ放棄されていた、職人の原型であるピュグマリオンの術を思い出し、再度、学び直すべきなのではないか。彼をメタ・メタファーの地位に押し上げた文化が、得ることから与えることへ、破壊から創造へ、店舗から愛と仕事へとその焦点を、何とかシフトさせることで、ナルキッソスは

---

(31) Jean M. Twenge and W. Keith Campbell (eds.), *The Narcissism Epidemics: Living in the Age of Entitlement* (Atria Paperback, 2013), p. 259.

(32) Lasch, Culture of Narcissism, p. 248.

(33) 同上。

それが可能になる。

　これは途方もないガルガンチュワ[19]の挑戦であり、非常に困難なヘラクレス的課題[20]である。それにもかかわらず、両者には、きっぱりと――切実に――立ち向かわなければならない。それらに立ち向かうことは、他のすべての生活上の課題の解決が、それに依存しているメタ課題なのである。

第9章

危険を冒す
ツイッター文学

R. M. 私はスーザン・ソンタグをずっと称賛していたが、あなたが
彼女の仕事を引用しているのを知って、彼女の本を本棚から取って再
読する必要性を感じた。同時に、ソンタグによるクロアチアの作家、
ドゥブラヴカ・ウグレシィチ[1]の仕事への好意的な批評を読んで、
ウグレシィチの最新の本『カラオケ文化[(1)]』を買って読んだ。彼女は、
あなたが現代的実存のメタ・メタファーとして定義したものによっ
て、特徴づけられる現代世界を説明するために、日本語の＜カラオケ
（空のオーケストラを意味する）＞を選択している。カラオケは、＜私
たちが持つことができるので、私たち皆がやりたがる＞という民主主
義的実践として理解されており、＜私たちが欲すれば、私たち誰もが
できる＞という民主主義的な考え方としては、あまり理解されてこな
かった。音楽の演奏をバックに、自分の声をのせるということだけで
なく、反映、空虚化、変換というタニの指摘するメタファーを具体化
する可能性としても、ここにナルキッソスが示されているのが分かる。

　今日、人々は本当の自我を見出すことよりも、それから逃避するこ
とにより心を抱いている。同時に、自我は退屈な概念になり、他の文

---

(1) Dubravka Ugrešić, *Cultura Karaoke* (Nottetempo, 2014). 原題は、Karaoke Culture /
Napad na minibar (2011).

化に属するものである。自分自身を変えること、変身に従うこと、そして自分自身をある種、他の生き物や対象物に転移することの可能性は、自我の内部を掘り下げるよりもずっと楽しいことである。ナルシシズムの文化は、カラオケ文化のなかに変換されたか、あるいは単純にその帰結になったのであろう[(2)]。

　カラオケ文化の勝利に、インターネットが貢献したということを思い起こす必要はない。それはウグレシィチによって以下のように述べられている。

　　私たちのファンタジーや想像の永遠の炎に、これまでに注がれた最大の火薬ダルは、[……] 多くの花が本当に咲き乱れている野原という、毛沢東の悪夢のようであったが、[……] いまや、多くの人々が他の誰かの歌を自分流に歌うために、多くのマイクロフォンを握っている巨大なカラオケがある。誰の歌か、それは重要ではない。健忘症は、情報革命の副産物のようなものである。重要なことは歌うことなのである[(3)]。

　この楽しみの多い革命、この情報、教育および美学の称賛しがちな民主化に伴う問題は、いかなる能力や専門知識も、ますます顕著に衰退しつつあること、さらに気がかりな権威の失墜、いかなる本物の文化も粉砕され、その後、偽物の文化に再利用されることである。オックスフォード大学の文学の教授アラン・カービーが、この世界でのどんな問題にも、賛成か反対かの自分の意見を述べることができる人——しばしばとても若い人——や、信用できないウィキペディアやブログを、より安易に信頼し、本や新聞を次第に読まなくなる大衆につれて、本物の障壁がひどく低下し、それを食い止めることができな

(2)　Ugrešić, *Cultura Karaoke*, p. 16.
(3)　同上、pp. 22-3.

い、地滑り的現象を説明するのに、＜偽物のモダニズム＞という新語を造ったのは必然的であった。一匹の犬がコンピュータの前で、もう一匹の犬に、「インターネット上では、あなたが犬かどうかは誰にも分からない」と告げる『ニューヨーカー』誌の漫画は、滑稽であると同時に悲劇的でもある。

　ジョナサン・フランゼンが、物語の傑作、『コレクションズ』と『フリーダム』の間に出版した本がある。それは大方自伝的なものであるが、時々知らぬ間に、物語<ruby>フィクション</ruby>ではない省察に入り込む……小説のなかで、登場人物から擬態として現れるその観察は、私たち一人ひとりが存在する光と影、およびその曖昧なゾーンを通して、その深層を捉えている。この作品のタイトルは『不快な領域<ruby>ディスコンフォート・ゾーン</ruby>』であり、その主題は不快で、それは思春期に訪れるあらゆる生まれ変わりにとって本質的であるばかりか、人生における疲労や欲求不満を生みだすうえで本質的な、過ちや失敗が湧き出る源でもある。そして、その過ちや失敗は、すべてがうまく行けば、人生をとても人間的なものにする。一連の不快との出会いは、私たちをこの世に送り出す最初の誕生と共に生じ、ますます精神的に強くなくなっている、私たちの世界からは消えてしまった様々な挑戦をもたらす――その出会いは、辛いけれども転移、変身、成長を導くものなのである。この不快を避けて通ることは、他者、その多様性、その違いともにある世界に存在することへ向けての、三位一体的な道から逸れることを意味している――要するに、それは現実の生を生きていないということなのである。

　　アバターは、他の場所で、他の人間になりたいという、私たちの幻想的な欲望を満たす。大人は、典型的な＜快適な場所＞である少年時代に帰るためにそれを使う。ヴァーチャルな世界は、もう一つの＜快適な場所＞である。＜セカンド・ライフ＞ゲームをする大人たちは、リスクや結末のない状態を経験する――彼／彼女らは飛翔するが、決

して落ちない、[……] 彼／彼女らは無防備なセックスをする。プレイヤーは世界を完全にコントロールしている。つまり神の如く、自分の望むように自分自身を接続したり、切断したりできる。シミュレーション・ゲームを使って、青年期の＜セカンド・ライフ＞ゲームのプレイヤーは、大人の人生についてその多くを学ぶ。ある少女は、自分を売春アバターに変身させた。そして、彼女は、それはそんなに悪くないと言った。彼女自身が売春をしていたわけではなく、彼女のアバターがしていたのであるが[(4)]。

最近、『インテルナツィオナーレ』誌は、作家コリーヌ・アトラス[2]による批評を載せた。「日本では、小説はベストセラーのリストから消えた[(5)]」。一位は漫画で、ついでいくつかの翻案が続く。そして、ブラジルやアメリカでも、多くはウェルビーングや自助の解説書である。基本的に、より良い人生のために必要なことを学ぶうえで、私たちは、理解しやすいように工夫された分かりやすい解決策から、＜専門家＞の助言を重視するようになっている。実際には、自分の本のなかで、ウグレシィチは、日本における携帯小説の驚異的な普及に触れている。ここに、私たちは、翻案の翻案へ、あるいはかろうじて、あらすじを書いた物語や、全体的には＜文学＞と言うにはほど遠い物語へと越 境している。
クロスオーバー

携帯小説は、審査・評価されない素人の作品である。言語は簡略化され、プロットは初歩的で、形式はこれまでと変わらないものである。一般的に、主人公は困難な状況に遭遇してしまう地方出身の若い女性である（彼女はレイプされるか、妊娠してしまうか、ボーイフレンドに捨

---

(4) 同上、p. 56.
(5) Corinne Atlas, 'Un problema con la letteratura', *Internazionale*, 22 August 2014, no. 1065, p. 80.

てられるか、などである)。著者の多くは、学校をドロップアウトした、低学歴の若い女性である[6]。

　結局、もしも、文学の古典が、繰り返し盗み取られ、再編され、そして、文化の欠如や、リトル・ウーマンをリトル・バンパイア・ウーマンに、不思議な国のアリスをゾンビの国のアリスに変えるような人々によって迷わされる、読者の揺らぐ興味と＜相性が良い＞ならば、ゆくゆく出版に値する作品は、ツイッター小説だけになるであろう。それはすでに多くのソーシャル・ネットワーク上の読者を獲得している。

　＜セカンド・ライフ＞の問題に関するウグレシィチの脚注は、エドガール・モラン[3]の『人間と死』を思い起こさせる。彼女は言う。

　　その誕生以来、人間は情熱と信心を伴った、パラレルな生を生きるために宗教を用いてきた。今日では、そのようなSL［セカンド・ライフ］を信じているのは、世界で22億のキリスト教徒のみである。SLコンピュータ・ゲームが、宗教とは少し違うということは重要ではない。事実は、人間の脳は、常にもう一つの世界に転移する用意があるということである。そこで、グーグルは全能者であるという考え方ですら、多少は尤もらしいものになる[7]。

　モランは、1951年の本で、死に対する人間の態度に影響する、鋭利な人類学的考察を示し、自分の主張を支える二つの主要な概念、二元論と、死／再生を提示した。これら二つの逃避の形は——死それ自身からではなく、死という＜考え＞からの逃避だが——常に存在し、全く異なる仕方で形を変えて、極めて堅固な哲学体系に織り込まれており、時折フォイエルバッハの無神論から導かれることさえある。

---

(6) Ugrešić, *Cultura Karaoke*, p. 103.
(7) 同上、p. 58.

共産主義では、このことは全地球的救済の信念に具体化されていた。そして、人々は将来のより良い、より公平な世界のために、自らを犠牲にする用意があった。カトリック主義の最盛期には、貧者は、「皇帝のものは皇帝に」という教えのせいで、容易く、受動的な現状に押し込められていたし、＜後の鴈が先になる＞来世の希望で慰められていた。それが神であろうと、プロレタリア独裁であろうと、科学技術であろうと、一つの展望、期待、信念が与えられている場合、大衆を従属させるのは比較的容易なことであった。また、人間の心に訴えて怒りを方向づけ、今日の急進的なイスラム主義者や、いまだにグレート・マザー・ロシアの虚栄を、固く信じている多くの現代のロシア人のように、その怒りを出生地主義や人種という、ファシストの神話における＜敵＞へ向けて方向づけるのは容易なことであった（あなたも会ったことのある私のロシア人の友人は、他の多くの点では決して狂信的ではないのだが、しばしば懐古的にロシア帝国陸軍、皇帝の音楽や演説、軍事パレードの夢を見ると言う）。ピュグマリオンが、ナルキッソスの水たまりへ飛び込むことで水没し、どんな価値や感性も剥奪され、いかなる将来のプランや信念も無にされた、私たち西洋の世界に、別の誰かになりたがっている人、自分そっくりの姿をした分身、よく似た人やアバターによって創られる、カラオケの疑似文化がないとすれば、後には何が残るのであろうか？

Z. B.　かなり以前に、今日広まっている世界内存在の様式を把握したいならば、アイデンティティについて語るよりも、むしろ自己同一化について語るべきであると私は指摘した。つまり、それは近くのモーテルでちょっと休む以外は中断されない、終わりなき努力について、また生成の道程における永遠の、終わりなき努力についてである。おそらく私たちは、＜アバター＞に代わるものとして、語呂は悪いが＜アバター化＞という語を、言葉の道具箱に加えるべき

であろう。それは、＜転生＞という概念の改訂版を意味している。つまり、それは、リキッド・モダンの世界の住人の間でとても人気のある、東洋知の信者によって受け入れられ、使われる根拠をもって、熱心に再発見された概念なのである。繰り返すが、それは改訂版である——転生は、管理は言うまでもなく、私たちの知には関係なく起こり得ることであったし、私たちの熱望や好みには無関心であった。一方＜アバター化＞は、私たちが何をしたいのか、またしているのか、私たちが望むやり方に言及している。＜アバター化＞するというのは、あなたが『カラオケ文化』から引用したことを意味している。つまり、「私たちはそれを持つことができるから、皆がそれを欲するのである」。あるいはむしろ、「持つことが可能なので」、より正確には「買うことができるので」であり、あなたの引用に述べられていないことは、「買うことによって得られること」と「私がそれを持っていること」の間にある相違である。つまり、銀行口座やクレジットカードという手段でのみ可能になる違いである。その違いは、単に不快なだけでなく、しばしば憤慨させ、時には能力を奪う障害になり、また、それは消費者経済への生命力の主要な源泉でもある。

　私が度々言うように、選択ということは、選択の問題ではないリキッド・モダニティの人生行路における、唯一の構成要素である。かつて、特権であった選択は、いまや義務に変わった。拒否することも、減らすことや逃れることもできない義務である。その上、＜転生＞は一生に一回しか起きない出来事であるのに対して——＜アバター化＞は、原理的に毎日、毎時間起こり得る。さらに、そのようなハプニングは、一度に複数の課題をこなすのに大変適している。加えて、転生とともに、人は人生の重荷を背負わされるのに対して、アバター化は、生きている間ずっと実行することができる。いや応なしに、マックス・ウェーバーが思い起こされる。つまり、鉄の檻と、即座に肩の荷を下ろせ、他のものによって置き換えられる軽いマントというウェーバー

の区別である。ただし、そのメタファーが用いられたピューリタンの倫理というウェーバーの話のように、軽いマントは鉄の檻に硬化するという驚くばかりの潜在力（および傾向！）を持っているのだが。

「私たち個人では何者でもない。さあ一緒に集まろう」、左翼の国家＜インターナショナル＞に歌われた共産主義への転換、抑圧され貧しい人々へ、上からの救済の望みを捨てることを呼びかけ、それに代わって、＜自分たち自身を救済すること＞に関心を向けさせる。エドガール・モランに従って、共産主義は、全地球的救済のビジョンをもって、「将来のより良い、より公平な世界のために自らを犠牲にする」用意をするように、人々を勧誘し／言いくるめるとあなたは指摘する。東洋の教えによって約束された転生のように、キリスト教信者の信念によるのと同様、マルクス主義によってその追従者に開示された救済の見込みは、一回限りの、取り返しのつかない、不可逆的な変成転換であり、それは戻ることを禁じられているので名高い、三途の川を渡るのに似た通行である。いわば、一方通行の道である。これがアバター化の出現によって、モダニティのリキッド化の流れに乗りつつ、中心的なものが変わったのである。アバター化の出現がもたらしたものは、選択、決定、関与、企ての一回性や必然性の弊害を漸次取り除くことであった。それは、＜宿命的な選択＞に片をつけること、人生軌道を＜回帰不能な地点＞から安全な距離にはなれたところに保つこと、選択や決定に伴うリスクの急激な削減——そして、多くの場合にはその排除——失敗した後には、出発点に戻れる可能性の増大、過去における誤った出発の記録を消去する一方、新たな出発を始められる可能性の増大、＜現在の能力に留まること＞（ニーチェのツラストラが、彼の切迫した到着を告げるスーパーマンの名を借りて言った不満）を止めることであった。この現在の能力に留まることは、変成転換の冒険愛好家のなかで、多くの恐れ、怒りや口惜しさの原因であり——結局のところ、現状に踏みとどまらせている過去を武装解除することである。あ

るいは少なくとも、武装解除が達成されるという望みの可能性であり、武装解除されたことを装う可能性である。もちろん、勇敢な人々への——また同様に、勇気のない人々への——貴重な恩恵になる。しかし、武装解除がもたらす利益は、見かけ上は存在しないし、無論、直ちに保証されるわけではない。その代わりにそれは——どんな方法が選ばれたのであれ、あるいは選びたいのがどんな方法であれ——その方法の選択を、取り返しがつかないという呪縛から解放する。ちょっとやってみて、やってみて、またやってみる。人生の術は、正確にやること以上に、やってみることを決して諦めないことである。

その素晴らしい門出は、長い間の自律の取り組み——そして、自己主張への権利、並びにその能力——の大きな進歩であったし、また進歩であり続けている。あなたはドゥブラヴカ・ウグレシィチから引用している。「＜セカンド・ライフ＞ゲーム［ファンタジー・ゲーム：満足の最大化を求めて、想像上の自己と役割を作って遊ぶ——プレイヤーの自己の公開プレゼンテーションのために、想像上の自己を採用する］をする大人は、リスクや結末のない状況を経験する。［……］プレイヤーは自分の世界を完全にコントロールしている。つまり神のように、彼／彼女らは望み通り、自分自身を接続したり、切断したりできる」。広く開かれた見通しを＜完全にコントロール＞するという魔術の裏には、＜リスクが含まれない＞という、とても心地のよい感覚が存在する。何故リスクがないのか？ プレイヤーが幸せな結末を確信できるというわけではなく——常に、他の選択があり得るということである。プレイヤーは、満足に耐えない場面を自由に終えることができ、そのサイト^{サイト}を他のサイトに変換することができる。

あらゆるスピーカーや広告塔から流れる主張の背後には、莫大な金が存在する。そして以下のことは疑いない。つまり、絶え間ないアバター化と再アバター化、不完全さを改めようとし、変成転換における次の試みを求める各後続のアバターは、＜満ち足りた消費者＞という

脅威に対する、最も確かで効果的な解決策である。＜満ち足りた消費者＞とは、＜新たな改善された＞誘惑に曝されずに、満足した消費者であり、あるいは、新規の呼び物が、彼／彼女の新たな欲望や、＜必要＞や＜不可欠のもの＞に見せかけた欲求を刺激するのに失敗したために、満足している消費者である。提供されるパーソナリティ選択の無限性、＜新しい出発＞への欲望の貪欲さ、そして＜再び生まれ変わる＞という夢が、消費者経済の主要な推進力に、しっかりと組み込まれていると結論づけることができるであろう。

　「アバターは、他の場所で、他の人間になるという、私たちの幻想的な欲望を満たす」とドゥブラヴカ・ウグレシィチは指摘する[8]。「アバターは、ユーザーが選ぶ、どんな姿や形も取ることができる[9]」。誰もが——ほぼ誰もが——できる範囲内に、即席のアバターを使用できる機能を備えた、素晴らしい技術機器、カラオケの実践者のように「現実の世界で感じるよりも、より自由（彼／彼女らがしばしば使う言葉）を実感できる自分のアバター[10]」を持っている。ウグレシィチの考察に付け加えよう。カラオケは、アバター化のコストを相当低減させた。アバターのカラオケ版は、そのカラオケ版以前よりも、何倍も安く、その準備において、学習、スキル、時間と努力を費やす必要がずっと少なくてすむ。さらに、カラオケはアバター化をより安全なものにする。つまり、カラオケは事実上（最近使われる言葉の意味においても）実験のリスクを除去し、またカラオケを進んで／意欲的にやっている、実践者の才能や能力を超えて、想像を膨らますことさえ必要で無くする。カラオケはイケアの家具に似ている。それは、使える部品や設計図と一緒に提供される——あなたがすることは、見取り図に基づき、付属の図面に従って、部品を組み立てることだけである。そこに

---

(8)　Ugrešić, *Cultura Karaoke*, p. 56.

(9)　David Williams訳、英語版、*Karaoke Culture* (Open Letter, 2011), p. 39 から引用。

(10)　同上、pp. 40-1.

は完全な満足が保証されている。つまり、地図のない領土という危険性や、分からないという問題のない職人気質の喜びである。コミックのフィギュアを切り取るというリスクを冒すことなしに、他の誰かになるという喜びを与えられる。あるいは、道に迷う危険なしに、他の場所にいるという喜びを与えられる。提供されるものは、自由と安全の一括取引という、この二つの世界における最高のものである。つまり、この二つの価値、熱烈に望まれるが、強固に対立する両者の統合を、最終的に達成するという永遠の夢である。私が思うに、これがカラオケの主要な魅力であり——カラオケのパターンに因んで、その提供を細かく分割するやり方を用いた、消費者経済の驚異的な成功の原因であり——同時にまた、現在のライフスタイルを＜カラオケ文化＞と捉えるウグレシィチの見解を、極めて的を射ていると評価する理由でもある。

　インターネットは、「何百万という人々が、誰かの歌の自分バージョンを歌うために、何百万というマイクロフォンを掴んでいる＜メガ・カラオケ＞」として理解できるとウグレシィチは指摘する。「誰の歌か？　それは重要ではない。［……］重要なことは、歌うことである[11]」。このことは、楽曲をセットしている人々と、楽曲がセットされていなければ歌わない多くの人々の両方にとって重要である。「インターネットは、巨大な電気掃除機のように、その正典を含めて、あらゆるものを吸い込む[12]」。いや、文字通りすべてではない。マイクを握る夢や欲望、意志は、ずっと以前から、インターネット——いやマイクでさえ——が発明されるずっと以前からあった。カラオケ文化が適切なメタファーになるうえでの、インターネットの驚くべき短期間での成功は、この夢や欲望、意志がすでに存在していて、有効な道具と安全な手段がなく、思い切ってやる勇気がなかったために、それが休止状態、

---

(11)　Ugrešić, *Cultura Karaoke*, pp. 22-3.
(12)　Ugrešić, *Karaoke Culture*, p. 43.

ないし仮眠状態にあった——しかも発売され商品化されるのをずっと待ちこがれていた——という事実によっている。

　ジークフリート・クラカウワの文章を引こう。ほぼ一世紀前の1925年3月15日付のフランクフルト新聞に、最初に掲載された「旅行とダンス」である。「近代の旅行の目的は、その目的地ではなく、むしろそのような新しい場所である。[……]現在はまだ、エキゾチックな場所というのは、ピラミッドや金角湾であるが、来る日にはそれは、世の中のどんな見方からも普通ではない場所であれば、世界中のどこであれ取り上げられることになろう」。つまり、「旅行とは結局そのようなものであり、たいていの場合、特定の目的地がないのである。その意味するところは、単にいる場所を変えるということに尽きる[13]」。ウレグシィチの知見を思い起こそう。つまり、重要なことは歌うことであり、何を歌うかは重要ではないのである。両者のケースで、100年後としての今日、私たちは他の誰かになること、他の何処かの場所にいることを経験している。夢は進歩しなかった。夢の充足を空想するテクノロジーのみが進歩した。現代の大量生産と大量消費のためにデザインされたデジタル技術は、流れを保証するための河岸、河口を固定する、水路といった形態を獲得するべく、私たちの形のない幻想を注ぎ込む鋳型を提供する。カラオケ文化においては、自己表現への衝動がエネルギーを供給し、一方、利潤を追求する市場（マーケット）が物を供給する。電子的テクノロジーは、エネルギーと物の量（ボリューム）が——消費が集中しても足らなくならないように——需要の拡大を上回るペースで増大し続けることを保証しつつ、形式、および思考と行為双方の中身を供給する。

　そして神、歴史、あるいはマーケティング担当者のもろもろに対す

---

(13)　この引用は、Thomas Y. Levin訳、*The Mass Ornament* (Harvard University Press, 1995), pp. 65, 71.（= 1996、船戸満之・野村美紀子訳『大衆の装飾』法政大学出版局）に負う。

る眼識と進取の精神のお陰で、私たちの現代性が投じられるとクラカ
ウワが予言した、＜空間畏怖＞の状態がもたらされた。それは、まず
は近代の自己が「自律性を得るための戦いにおいて発展させた」方法
をなぞり、続いて、物質主義と資本主義の時代に、「両者が一層個人
化し、次第に個人の好みに任せた機会を作り出すようになる」まで、「ロ
マンチシズムという極めて表現力豊かな、ユニークな個性のなか」に
要約された。「人々は、孤独と個人化の呪いに苛まれる。［……］人々
には結びつきや、しっかりとした土台がないので、精神／知性は方向
性を失って、どこにも居場所がない状態で彷徨っている[14]」。私たちは、
自分たち——まごついている自分たち——に正しい方向を指し示す、
河岸や水路という鋳型の提供者にありがたいとは思っていないのでは
なかろうか。そして、その提供者は、私たちがどこにも居場所がない
ということをそのままにしているし、それによって、居場所からの立
ち退き——物質主義、資本主義、およびリキッド・モダニティの世界
では、ごく当たり前に予想される事柄——が確かに引き起こすであろ
う、やっかいなトラウマに対して、私たちを守ること（あるいは、少
なくとも守る約束をすること）なく機能している。

---

(14) Siegfried Kracauer, *'Die Wartenden'* ('Those Who Wait'), Frankfurter Zeitung, 12
   March 1922, pp. 132, 129-30, 130-1.

第10章

乾きと湿り

R. M. 前章で私たちは、いかなる努力もせずに、新しい技術の助けを借りて、ひどく単純化するという現在の傾向、それに加えて、深く理解する代わりに表面的に把握する——深く探究することをしなくなるという現在の傾向につれて、文学というものが次第に消えてゆくということを論じた。要するに、このことはラシーヌ[1]の表現「最も深いのは皮膚」——言語と認識の<零度のエクリチュール[2]>は、最も初歩的で直接的な要素に還元されるということを支持している。この安っぽい生産物は何の役にも立たないのは明らかだが、社会学者の関心の的になり、ある種の関心を引くに違いない。

しかしながら、文学は確固たるものであり、容易には死なない。そして時折、小説は登場人物に具体化されて、どんな論文よりもずっと力強いやり方で、現実を裏付ける思考の証拠を示すように思われる。ミシェル・ウエルベック[3]のディストピア『ある島の可能性』、アルベール・カミュの活力に満ちた提言『ペスト』——サラマーゴによる『ブラインドネス』——そして『慈しみの女神たち』のなかで、ジョナサン・リテル[4]によって描かれた、手に負えない人々の、上からの悪事の差止命令への怠慢な対応などである。私は最近、イタリアの作家、アルベルト・ガルリーニ[5]の小説『憎悪の法則(1)』を読んだ。

それは、リテルの大河小説とほぼ同じくらい長いものであり、ファシズムの源泉を神話的に説明しようとすることで、生き生きと描かれている。

　後にガルリーニは、実際には、ブルース・チャトウィンと、その遊牧生活への情熱に焦点を当てた本を書くのが最初の企画だったと私に打ち明けた。しかしながら、ある時点で、対照的な者として、ファシストを導入することに決めた。そのキャラクターはチャトウィンとは正反対のものであった。しかし、彼はファシストを誰も知らなかったし、ファシスト運動にも、あまり通じていなかった。そこで、彼は資料、インタビューおよびノンフィクションの調査研究を始めた。この怒り心頭に発する研究は、チャールズ・ライト・ミルズ[6]が言う＜トラブル＞の一連の結果として、恨みと間接的ではあるが、長く続く罪の意識に満ち溢れた、20歳の登場人物ステファノに帰着した。ここに＜トラブル＞とは、個人の性格内、およびその個人の他者との直接的な関係の範囲内で起こる様々な困難のことである[(2)]。そして、それは、理解され、適切に扱われるために、多くの人たちに共通した問題である＜イシュー＞と関連づけられなければならない。しかし、多くの普通の人と同様、ステファノは、自分自身の恐ろしく悩ましい個人的問題によって阻害されたままである。つまり、皆に、特に友達を装う人たちによって、侮辱され騙され、破産し酒浸りの父親、そして家族を養うために、折に触れて売春をしなければならない、善良で働き者の母親である。彼が小さいとき、ステファノの父親は、彼を釣りに連れていき、あるとき、父親は泥酔状態で：

　　彼は餌の虫を食べ始めた。虫をいっぱい掴み、飲み込んだ。父親が

(1) Alberto Garlini, *La legge dell'odio* ('The Law of Hate') (Einaudi, 2012).
(2) Charles Wright Mills, *The Sociological Imagination* (Oxford University Press, 1959, 2000), p. 8.（＝1965、鈴木広訳『社会学的想像力』紀伊國屋書店）

ぬるぬるしたものを食べるのを見るのは酷いことであった。

　父親は嚙みながら「俺はお前の母親に似ている」とステファノに言った。「あいつは男のペニスから出てくる虫を食べている。お前は、そんな虫の一匹から生まれた。そして、それはイタリアの虫でさえなかった。彼はよく＜構わない＞と言い、フランク・シナトラのように歌ったものである」。最後の一握りの虫を掴み、口の中で嚙んで、叫んだ。「ろくでなし！」。それから、湖に胃の底から吐いた。水面に広がったピンク色の吐しゃ物を貪り食おうと、鱒が水面に上がってきた[3]。

　ステファノはファシストのなかで育った。彼の父親はファシストである。ロッコ、それは彼の本当の父親が死んだあとに父親代わりとなった人物（そして、彼の母親と気分次第の愛人関係を続けている人物）だが、彼もファシストである。1968年から1971年の間に起こった出来事に現実と想像を混ぜ合わせて、ステファノの視点から、ピザ・フォンタナでの爆発（1969年の12月にミラノで起こり、17人が死亡し88人が負傷した）をガルリーニは描写する。ステファノは、公的組織の逸脱者と同盟する高次のファシスト党員によって操られ、自分で爆弾を置く。彼は、爆弾は居合わせた人を傷つけることなく爆発することを信じており、自分が騙され、両親と同様に利用されたことに気づく。ステファノは乱暴で殺人者であるが、著者は彼に、とても人間的で、ある意味人々が共感できる勇敢な性格を見出している。読者は、彼を自分たちと同じように扱うことができ、彼をバリケードの向こう側の敵として見るのではなく、強い共感を得ることのできる者として見る。小説（著者によって想像された物語的な出会い）のなかで、ユリウス・エヴォラは、ステファノを＜青い狼＞と定義し、彼を家から放り出す。ステファノは婚約者、アントネラに、その表現はどういう意味かと尋ねる。彼

---

(3)　Garlini, *La legge dell'odio*, p. 548.

女は次のように説明する。「インド・ヨーロッパの国々において、放浪者、追放者、禁じられた人々、基本的に支配的な精神（エートス）に合致しない人々全般」のこと。そしてそれは、以下のように定義されていた。「それは、通常の灰色の狼に対して稀であった。恐ろしいけれども、魅惑的であった。例として、続き漫画（コミック・ストリップ）の犯罪者を考えてみて。ディアボリックを考えて。盗賊で殺人者。卑劣だけれどもカリスマ的[4]」。

　実際、とりわけ、ステファノの周りの、彼を消耗品的な戦闘員として扱うファシストと比べて、人物としてのステファノに心を留めるようになるというのは自然である。彼は純粋、無垢であり、彼が生きてきたゴミ捨て場のような所よりも、もっと良い環境へ向けて立ちあがるべき、早急かつ（当然の）必要性を宿している。その必要性は、より上品で、より規律正しい世界、虫けらどもが市民の地位を持たない、たとえ彼の人生が犠牲になったとしても、彼の家族の恥がプライドに替わる世界。しかし、そのような世界が幻想であることによって雲散霧消してしまう。彼が意図的ではなく、若い、同年代のマウロを殺してしまうとき、彼の世界はバラバラに崩壊してしまう。

　　彼は人殺しはできると思っていた。それはわりと簡単で、実際——政治的な兵士の義務であると考えていた。彼はありとあらゆるエネルギーの発散（スパーク）でもって、人殺しを望んでいた。それは単に時間の問題であって、いずれ起こることが分かっていた。しかし、何事も彼が予期していたようには起こらなかった。戦闘はなかった。犠牲者は兵士ではなかった。剣の刃は、何の理由も、動機もなく深く突き刺さっていた。マウロの犠牲者になりやすい素因。無垢の犠牲者の死は、名誉の冒涜である。騎馬兵士の義務は、無垢な人々を守ることであり、殺すことではない[5]。

---

(4) 同上、pp. 590-1.
(5) 同上、pp. 71-2.

不運にも彼にとって贖罪はない。彼の不本意な犠牲者の双子の姉妹のお陰で、償いとしてはやけくそで相応しくないが、彼は彼女に恋をする。双子の友達であるアルゼンチン人女性の詩人の詩のお陰で、ステファノは彼女の詩を暗唱し、ある瞬間、瞬間にその詩によって元気を与えられ、平静さを取り戻す。しかし、それは多分に、「ヒットラーのように、放浪者という理由でユダヤ人を憎んだ、農業従事者カイン[6]」、また、人類学者の信念とは異なって、古代の穴の開いた頭蓋骨の真の加害者であった、先史時代のネコ科のディノフェリス——それが人間ではないことに、ステファノは深く心を動かされたのだが——についての話をすることで彼を元気づけた、チャトウィンとの出会いのお陰であった。彼は何とか自分の母親を赦し、母親の動機を理解しようとする。

　　彼女は哀れむべき女性であった。骨の髄まで働いていたし、息子の養育のために、あらゆる妥協を受け入れていた。このハンサムで強い息子が、幸せになっていくだろうとさえうすうす思っていた。しかし、その逆のことが起こった。彼女の犠牲や、そこから生まれる罪の意識は、全体世界へ向けて憎しみを発しない、沈黙した、あらゆる他の感情に至るまで、ステファノを怒らせ、乱暴にさせた。しかし、彼女にはどうしてそれが分かったであろうか。彼女の羊のような優しさが、息子がポケットに隠し持った、ナイフの生刃になろうとは、どうして想像できたであろうか[7]。

　しかし、この主人公の＜困難（トラブル）＞は、遅ればせながらの気づきによって、単純に解決できるような問題ではない。＜問題（イシュー）＞は、存在し続け、彼を悩まし続ける。それは政治や他者との協力なしに、自分一人の努

---

(6)　同上、p. 555.
(7)　同上、pp. 621-2.

力によってでは、世界の諸問題を解決できないということである。それと同様に、ステファノは、自分を取り巻く悪巧みに打ち勝つことができず、残酷で戦略的に研ぎ澄まされた、容赦ない衝動が彼を操っていたのである。自らの反逆の後、彼は死ぬまで追い詰められている。

　ツイッター文学が簡単には滅ぼすことができない、この本や他の同様な本が、社会学者やそれと似た大勢の人々双方にとって、思考のための栄養素になっていると信じよう。

Z. B.　ファシストの息子の前で、指示行為^{デモンストレーション}として虫を食べるファシストの父親——それは何のデモストレーションなのであろうか。明らかに、それは必要なことのデモンストレーションであり、それらがぬるぬるしているため下品で、胸糞悪い、いやらしい生き物への対処のデモンストレーションである。ジャン＝ポール・サルトルは——粘着性^{スリミィ}——ということを、人間の状態の滑りやすいと同時に、くっ付きやすい性質のメタファーとして取り上げている。つまり、アポリア的な状態、絶望的にコントロール不能な状態、吸着と分離の両方を認めない、自由になることを拒否すると同時に拘束に逆らう状態、そして、そのために、不快で吐き気を催すような状態である。父親は、虫を口に詰め込み、噛まずに飲み込んだ。それによって、虫は潰されず、初めから吐き出すことを念頭に置いているのが分かる。クロード・レヴィ＝ストロース^[7]は、『悲しき熱帯』（1955）で、文化が＜他者＞の問題に取り組むうえで、二つの方法があることを示した。＜差異^{ディファレント}＞と＜外部^{フォリン}＞である。つまり、人類学的な戦術として、その差異や経歴を＜飲み込む＞、そして、そのように異質な要素を＜同化＞し、その＜難解さ＞を剥ぎ取り、奪い取る。そして、＜人類学的＞な戦術として、それを＜吐き出す＞、つまり、追放し、排除し、殺戮する。疑いようもなく、父親は息子に、自分自身が、他の人間と同様に、ぬるぬるした物質、精子から生まれたことを気

づかせる。精子は彼にイタリア人でさえないことを気づかせるために吐き出された。それは、いわば、二重にいやらしいもの——隠喩(ミシュリング)——であったに違いなく、＜ユダヤ系混血者＞や＜人種恥辱罪(ラッセンシャンデ)＞といった、ナチスの用語から導かれた考え方だと私は推察する。つまり、国家や人種のアイデンティティを弱め、最終的には消去されてしまうのを恐れさせるような出来事であり、そして、明確で通り抜けできない、境界が引かれる必要／引かれねばならない空間に、曖昧で染み出るアンビヴァレンスの領域を作り出すような出来事である。そのような＜ぬめり＞の奇妙さや恐怖を一層不吉で、怖気づかせるものにする脅しである。確かなものを＜ぬめり＞から遠ざけておくこと、その分離がステファノに課された挑戦であり、仕事である。ステファノの場合には、特別に厄介で疲れる困難な闘いが予兆されるのだが、彼の人生はその仕事を成し遂げるのに捧げられるであろう。

『優しき人々』（より適切な＜好意を寄せる人々＞ではなく、英語版では＜優しき人々＞と訳された [8]）の2年後、ガリマールから出版されたエッセイ『ドライとダンプ』のなかで、ジョナサン・リテルは、ベルギーのナチス武装親衛隊師団＜SSヴァロニエン＞の指揮官で、ナチスの特徴を表す典型的な人物像の一人である、レオン・デグレルの世界観とメンタリティーの解明に取り組んだ。リテルは自分の研究を、1949年に『ロシア戦役』のタイトルで出版された回想録で用いられた語彙——それによる概念的な枠組——に焦点を当てて進めた。その主題を扱うのにリテルは、1977年のクラウス・テーヴェライト [9] の研究『男たちの妄想[8]』から多くを引用している。テーヴェライトと同様、リテルは、フロイトのイド・自我・超自我のパーソナリティ・モデル、併せてパーソナリティ動態の再構成において展開された、主

---

(8)　Male Fantasies（『男たちの妄想』）、1987年のAmerican University of Minnesota Press 版。

要カテゴリーとしてのエディプス・コンプレックス[10]、のファシスト・ケースへの適用可能性を問題にする。彼はメラニー・クライン[11]とマーガレット・マーラー[12]の幼児期精神分析に関するケースを好んで根拠にあげる。ファシスト——リテルは以下のテーヴェライトの命題を示す (26-9) ——は、「自分の母親から離れられない」、そして「永久に胎児のままである[(9)]」。ファシストはサイコパスではない。彼は「悲しいかな、しばしば効果的に」、「自分の代理となる分離」をもたらす——それは、「訓練、演習、肉体運動によって、<甲羅>の形をした外部化された自己」を形成する。しかし、その甲羅は外部から影響されないものではなく、<甲羅の自己>は壊れやすく、ファシストは絶えず、<個人の境界の消滅>の恐怖の下で生きている。生き残るために、ファシストは崩壊の内部的源泉を、藁人形を作って殺すように、危険を外部化する必要がある。つまり、決して完全には取り除けない女性性（<男性性>の反対）と、<液状のもの>（安定した<堅固>なものの反対）をである。そのような分離の遂行は、長い対立の系譜によって分割された、二元性の哲学的教義の二要素間の戦いの場としての世界を表していると言えるかもしれない。つまり、秩序とカオス（あるいは固い地面と沼地）の間——あるいは、まさに標題が示すように、<ドライ（乾き）>と<ダンプ（湿り）>の間のメタ対立的な配列のすべてである。「自分自身を構築するために、ファシストは世界を構築する必要がある」——自分のメタファーの 型《パターン》 に因んで、整然と分割された世界を示す必要がある。そして、厳格と雑然、屈強と柔軟、不動と流動、強硬と軟弱、清潔と不潔、きれいに髭を剃っているのと髭を伸ばしている、明瞭と不明瞭、透明と不透明など、それらの間の対立の助けを借りて、彼らは行動する[10]。自宅の安全なシェルター内の愛の対象、あるいは友人／身内／仲間と、憎しみや反発の対象との

---

(9) Jonathan Littell, *Le sec et l'humide* (Gallimard, 2008).
(10) 同上、p. 35.

間の分割が続く。オースティン[13]の発話媒介行為としてのメタファー行為やマートン[14]の予言の自己成就、それらの目的は、出鱈目さのなかに秩序を、不透明さのなかに透明性を呼び起こすことであり、要するに、物事をあるべき場所に置くことである。あなたの母親は——ガルリーニの小説では、父親が息子に教える——虫を食べる。私はそれを吐き出す。そのような男女の行動上の違いにおいて、この対立に支配された世界で、その原因は何であり、その結果は如何なるものなのであろうか。

　ファシスト精神の複雑なメカニズムを分析することは、魅力的であると同時に不屈の課業（タスク）である。ここに、人間の存在や共存を扱う他の多くの領域と同様、社会科学と文学との協同は真剣であったし、効果的でもあった。小説家のリテルやガルリーニは、研究者、メラニー・クライン、マーガレット・マーラーやクラウス・テーヴェライトが、お互い離れていようが、一緒にいようが、自分たちの闘いにおける素晴らしい戦友であることを見出した。しかしながら、私の疑問は、どうするかという問題——最終的に悪に対処できる決定的な方法の問題——に対する実利的に有効な答え（つまり、政治の言語への翻訳可能性）を求める、より広範な政治活動におけるトピックの選択に関係している。しかし、お分かりの通り、悪の実行者が増える社会的原因を棚上げにして、その心理学的素因に焦点を当てることは、私たちがその戦いを効果的に行えるようになるのではなく、おそらく無力になるのではないかと懸念している。そのような焦点化は、否でも応でも、悪の実行者を異常な者として特別視する傾向にあり、残りの私たちを罪から免責し、そのなかで生きている、私たちが作っている世界に対して、何かをしようとするのを妨げる。エヴォラでさえ、ステファノを＜青い狼（ブルー・ウルフ）＞のカテゴリーに入れている。

　自己——その偉業や悪行において明らかになるような雑然、柔軟、流動、軟弱、不潔——は、そのような世界で、厳格、屈強、不動や堅

固に対する余地を作り出すために、＜外部委託＞される傾向にある。それは専門的に象られ、流し込まれた鎧であり——まさに、テーヴェライト／リテルの＜甲羅＞のように——道徳的判断や良心の痛みに対する有効な防護壁を提供する。私のお気に入りの言葉を使えば、如何に、何処へ向かうかという意志決定が、道徳の問題に関連づけられる実験室（ラボラトリー）として作用するのではなく、現在の自己は、ファシストのケースのように、道徳的中立化（アディアフォリゼーション）[15]の工場（ファクトリー）へと向かっている。分かるのは、その生産の量と範囲だけである。イデオロギーや指導者原理の時代においては、家内工業以上のものではなかったが、市場原理時代において、それは大量生産の生産水準にまで達した。自ら選択した者であれ、委任された者であれ、＜兵士の男たち＞が一旦配属されると、今日の道徳的中立化の産業は、私たち全員を被雇用者、あるいは求職者として選定する。二つの時代における経営者やその哲学、行動スタイルが異なるのは確かであるが——それはたいして重要ではない——両者の場合で、その管理の対象となる者を、最も効率的に供給するのは、不確実性、不安定性、混乱や不幸という実存の条件、つまり＜永久に胎児のままである＞という実存の条件であったし、今でもそうであるというのも、また真実なのである。

第11章

<一体性>内部の塹壕<ruby>塹壕<rt>ざんごう</rt></ruby>

R. M. 実際、変質者やサディスト、暴力的なサイコパスのような特定の個人の例を見て、悪が如何に想像できるかと考えるよりも、悪はずっと一般的で、拡散し、伝染しやすいものであることを説明するために、あなたは著書『悪の自然史』(2012) で、ジョナサン・リテルの『優しき人々』を参照していた。あなたはすでに、初期の著作の一つ『近代性とホロコースト』(1989) のなかで、このことを論じていた。そして、あなたの知性の切れ味は、そこでは最近の論評よりも一層鋭利なものであった。そのなかで、広島や長崎――日本がまさに降伏するところだったことを考えれば、全く必要がなかった悲劇において、人間の命の無謀な浪費よりも、経済的要因が優先される(たとえば、核爆弾を完成させることに金が使われる)ことで、冷酷さの炎が拡大すると論じた(「しかし、私たちは200万ドルの価値のある仕事は捨てられない……」)。そのような鈍感さは、アメリカ(あるいはどんな国でも)の田舎出の素晴らしく、優しく、有能な少年を、状況(文脈、他者の影響、敵の非人間化)次第で、アブグレイブ刑務所 [1] で拷問をするような怪物に変える。

　私はリテルの力強い物語を称賛し、主人公(リテルの後の著作『ドライとダンプ』におけるデグレル)の心理学的な分析を超えて、その

物語は、人間科学に対する、より一般的で、重要な側面を伝えていると思い、『優しき人々』を再読してみた。世界における戦争や虐殺の最も荒廃した地域に住んでいた10年後、ロシア系でニューヨーク生まれのこの著者は、フランス文学に情熱を持ち、自分と妻と二人の娘に対してフランス国籍を要求した。最初は拒否されたが、彼の本が大きな成功を収めると、フランス名誉市民権を付与された。自らの主題を心底追求したいという野望で、その主題に挑戦し理解するために、悪が最も凶暴であった場所に、あえて個人的な経験を求めて赴いた。それから、好きな言語（フランス語）で千頁以上の文章を書き、最終的に自分がとても魅かれた国に住んだ。要するに、彼は物事を内部から見ようとしたのである。そして『優しき人々』で、彼はホロコーストの恐怖の責任者だった秘密警察の役人と会話をし、その性格を推し測るヘラクレス的な努力を傾けた。つまり、ただ文学を学びたく、ピアノを弾く一人の男が——自分が関わっていた極悪へのある種の疑問、悔いや強い肉体的な不快感にもかかわらず——女や子どもを含む無垢な人々を殺し、一掃する計画にさえ躊躇うことがなかったのである。

　他者を理解するうえでの文学の重要性に、焦点を当てた私たちの対話において、この著者が自らの主題にあなたの考えを取り入れ、登場人物にその考えを具体化することで、その考えを感性豊かな証拠で支持したいと思っていたようなので、この著作についてはもう少し議論する価値があると思う。

　すでに最初の数頁で、彼はあなたの15年前のコメントを敷衍するような発言をしている。つまり、「無論、戦争は終わった。そして、それは再び起こることはないであろうという教訓を学んだ。しかし、あなたは私たちが本当にそのような教訓を学んだと思いますか？　本当に戦争が再び起こらないと信じますか？　戦争が終わったと本当に確信していますか？[1]」。戦争は再び、容易に始められるばかりでなく、

多分終わらせることができないと言うなら、死の工場（大量殺戮）についてのあなたのコメントの響きに耳を傾けざるを得ない。

7年後に、その本をもう一度読んで、とても文学的だが、おそらく社会学にも関連するであろう、もう一つの重要な論点を私は見出した——それは、『優しき人々』の主人公の双子の姉弟を想わせる、ロベルト・ムージル [2] の仕事である。つまり、マクシミリアン・アウエの姉、ウナを想わせる。マックスはホモセクシュアルである。若いときマックスは、そのことが親に知れ、全寮制の学校に送られるまで、実際に彼の双子の姉と性的関係を持っていた。『優しき人々』において、マックスは自分の性的指向の始まりについて語っている。

> 私は一人の女性を愛した。たった一人だが、この世で誰にも勝る人であった。しかも彼女は、私に対して禁断の唯一の女性であった。女性であることを夢見、女性の身体を持つことを夢見て、私は彼女を求め続け、そばにいたいと欲し、彼女を好きになりたかったし、彼女でありたかったというのはとても分かりやすいことであった[2]。

芸術作品を通して、マックスは、たった一人の失った姉を見出す。

> 私は、自分の想像が斧のように心を打つ、豊富な黒髪をした一人の女性の肖像画を、横目で見やり通り過ぎるのが唯々必要であった。ルネッサンスや摂政時代の優雅なドレスを着た、画家の艶出しオイルと同じ様に厚く、宝石を散りばめた鮮やかに色取られた生地を纏った一人の女性、その顔は彼女とは全く違っている場合でも、それは私が見

---

(1) Jonathan Littell, *Les bienveillantes* (Paris, 2006); イタリア語版、*Le benevole* (Einaudi, 2007), p. 18; 英語版、*The Kindly Ones* (Harper Collins, 2009).（＝2011、菅野昭正・星埜守之・篠田勝英・有田英也訳『慈しみの女神たち——あるナチ親衛隊将校の回想（上）（下）』集英社）。以下、イタリア語版を参照。
(2) 同上、p. 24.

た彼女の身体であった。彼女の骨格を覆い隠し、少し丸みを帯びた、私が見分けることができた生命の唯一の源を包み込んだ、彼女の胸、お腹、美しいお尻であった[3]。

　ムージルの偉大な未完の小説では、最愛の人への同一化は、異なる色調(トーン)になっている。つまり、すべてがより分析的で洗練されている。性的な識別や肉体関係への言及はない。マックスとウナのように、子ども時代は別れていて、何年間もお互いに遠く離れて暮らしていた、双子の二人の間の共通性の描き方でさえ異なる構成になっている。つまり、「ウルリッヒは、アガーテの顔をもう一度よく見た。彼自身の顔とそんなに似ていないように思われた。しかし、おそらく彼が間違っていて、多分似ていたのであろう——むしろ、パステルの素描や木製の彫像のように、その素材の違いによって、顔立ちや質感に似たところが表れなかったのであろう[4]」。

　全体的な一体感の幻は、ムージルの作品にも現れる。たとえば、自分たちがまだ子どもで、アガーテが舞踏会のために、おしゃれをしていたときをウルリッヒは思い出す。「彼女はベルベットのガウンを着て、髪が青いベルベットの波のように、ガウンの上に垂れていた。そして彼もまた、中世の武士のような酷いおしゃれをしていたけれど、アガーテの姿を見て、自分も少女になりたいと思った[5]」。しかしながら父親の死後、大人として再会するとき、この一体感がフラッシュバックのように戻ってくる。「それはあたかも、自分自身が今まさに彼の方に向かってくるように思われた。しかし、それはとても美しく、今までの自分に見たこともない輝きに溢れていた。彼は、双子の妹が

(3)　同上、、p. 496.
(4)　Robert Musil, *Der Man ohne Eigenschaften* (Rowoht Verlag, 1930); イタリア語版、*L'uomo senza qualità* (Einaudi, 1958), p. 654; 英語版、*The Man without Qualities* (Alfred A. Knopf, 1995). (＝1964-66、高橋義孝ほか訳『特性のない男』全6巻、新潮社)
(5)　Musil, *L'uomo senza qualità*, p. 668.

自分自身の想像上の複製であり、変身であるという考えに初めて衝撃を受けた[6]」。

　ムージルとリテルの本から明らかになる視点は、<等しく同じもの>、同一のものを探し求めることであると思う。それは、あなたが『振り子の反復[7]』で、グスタボ・デサルと共に述べたように、彼（女）は私たちとは違うので、<異性愛者>や、そのような異なる他者にオープンであるために不可欠な言語や言葉の法則によって為される、成功しない去勢である。同一なものの停滞、硬直化した理想モデルの停滞は、他の世界に対して自分自身を自律したものとして位置づけ、あらゆる外部のものを拒絶するという主張の背後に隠された、拒食症のケースを参照できる。しかし、それはまた、完全さの内部に留まるために、単一の実体（ナチスにとっての人種とロシアの共産主義にとっての階級）に統合されるすべての人々を含み込むことができる。この問題に関して、リテルは、二つのシステム間の類似性を強調するために、マキシミラン・アウエと、知的で、自分自身を分かっている、ロシア人の囚人との間の対話を創作している。囚人は言う。

　　共産主義が、階級のない社会を目指すところでは、結果的に、自分の境界内部に閉じ込められることになる、民族共同体を吹き込まれる。マルクスが労働者を真実の使者と見なしたところでは、いわゆるドイツ民族が、善と道徳を具現化するプロレタリアート民族だということになる。結果的に、それは資本主義国に対する、ドイツのプロレタリアの戦いをすげ替えたことになる[8]。

---

(6)　同上、、p. 672.
(7)　Zygmunt Bauman and Gustavo Dessal, *El retorno del péndulo: sobre psicoanalisis y el futuro del mundo líquid* (Fondo de Cultura Económica de España, 2014).
(8)　Littell, *Le benevole*, p. 382.

　両方のシステムとも、極めて決定的なものとして立ち現れる――人間というのは他者志向であるので、＜対象となる敵＞は排除されなければならない。根絶されねばならない人々のカテゴリーは、彼らの行動や信念ではなく、彼らが何であるかというまさにその事実なのである。

　　この点で、カテゴリーの定義においてのみ、私たちは異なる。つまり、あなた方にとって、それはユダヤ人、ローマ人、ポーランド人、そして正しく理解していれば、精神病の人々でさえある。また私たちにとっては、それは富農層、ブルジョワ階級、党からの逸脱者である。結局、それは同じことである。両者とも、資本主義の経 済 人（ホモ・エコノミクス）、工作的人間（ホモ・ファベル）に加担する、自己中心的、自分勝手な、個人主義的な自由という幻想の犠牲者である[9]。

　このアプローチの急進的（ラディカル）な特質は、苦しみと恨みの帰結である。経済と道徳（モラル）の状態が崩壊しつつある状況で、今日、それが増大しているのが分かる。ギリシヤでさえ、ファシズムの復興が生じており、そこではチプラス[3]の成功と並んで、賛同と共にその力を誇示する極右の運動がある。＜一体性＞内部の塹壕、すべての他国に対する自国の要塞化された防衛は、少し前までは迫害の犠牲者であった人々の間でさえ、目に見えるものになっている。つまり、イスラエルのユダヤ人である。あるとき、マキシミリアンの父親に影響力のある友人、マンデルブロは言う。

　　シオニズムほど民族的なものは無いのではないか。私たちが理解したように、彼らもまた、民族と血は領土なしには存在しないことを理

---

[9]　同上、p. 383.

解した。そこでユダヤ人は、他のいかなる人種もいないイスラエルの地へと送り返されなければならない。［……］ユダヤ人は、最初の真の国家社会主義者であり、それはモーセが他の人々から永遠に隔離されるべく、彼らに土地を与えた3500年ほど昔に遡る。すべての基本的な考えはユダヤ人から来ており、私たちはこのことを認める明晰さを持たなければならない。約束された、完成された土地であり、他のすべての者のなかから選ばれた者という考え方であり、血の純粋さという概念である。［……］そして、私たちの敵のなかで、ユダヤ人が最悪で、最も危険だというのはこの理由からである。ユダヤ人は唯一の憎むべき価値のある人々なのである。彼らは私たちの唯一の真の競争相手である。私たちの唯一の現実的な敵^{ライバル}なのである⁽¹⁰⁾。

アルベルト・ガルリーニはかつて、イスラエルの人々は、イタリアの人々を思わせると私に語った。つまり、人々の構成は、互いにとても異質で、人々は知的で、創造的であり、永遠に続く相互対立と、人口の真の代表とはほど遠い政治家によって統治されている。もしも私が、あなたと会った方が良いと思う、二人のイスラエル人を挙げるとすれば、デイヴィッド・グロスマン [4] とアブラハム・イエホシュア [5] である。彼らは、素晴らしく多作で、詩的で人間的な仕事をしている。私は喜んで、そのように言うことができる。しかしながら、＜一体性＞と他の世界との間の対立の危険性は、存在するし、パレスチナ民のゲットー化のような毒の果実を生み出す（また、産み出し続ける）。

　一体性というものは、グスタボ・デサルとの共著のなかでの、あなたの文章を思い起こさせる。つまり「サルトルは間違っていた。一方、フロイトは正しかった。地獄の苦しみを効率よく作り出すことができ

---

(10)　同上、p. 440.

る他者もいるけれど、地獄は他者ではない。地獄が自分自身の外部に
あることを納得させるような、希望的な精神状態を許容できるのは、
このような地獄が、私たち自身の内部に存在する限りにおいてのみな
のである[11]」。私たちが自分自身を地獄から救い出すことができるの
は、他者に開かれることによって、また共通の人間性の果実として、
他者の多様性を理解し、受け入れることによってのみなのである。リ
テルは、この思想を彼の作品の主人公の言葉を通して、とてもうまく
表現している。

　　もしも、東ヨーロッパでの恐ろしい殺戮が、何かを明らかにしてい
　るとすれば、それは正確に、また逆説的に、素晴らしく変わらない人
　間の連帯である。どんなに野蛮であり、どんなに慣れてしまっても、
　自分の妻や妹や母のことを考えることなしに、一人のユダヤ人女性を
　殺すことができた人間はいないし、また、眼前の墓に自分たちの子ど
　ものことを考えることなしに、一人のユダヤ人の子どもを殺すことが
　できた者もいない。彼らの反応、彼らの暴力、彼らの弾圧、彼らの自
　殺、私自身の悲しみ……これらのすべての点が、＜他者＞が存在して
　いるということを示している。彼／彼女は、もう一人の人として、一
　人の人間として存在し、意欲やイデオロギー、愚かさや酒で、この細々
　とだが長く続く絆を打ち破ることはできない。このことは一つの見識
　ではなく、事実なのである[12]。

Z. B.　マックスとウナ、ウルリッヒとアガーテ……この二つのカッ
プルは、レヴィ＝ストロースの『親族の基本構造』(1949) のより豊
かな 文 脈 ^{ステージクロス} に置かれるのが望ましい。クロード・レヴィ＝ストロース
は、文化──すべての文化──の起源を近親相姦の禁止に遡る。つま

---

(11)　Bauman and Dessal, *El retorno del péndulo*, p. 27.
(12)　Littell, *Le benevole*, p. 144.

り、自然と文化が出会い、自然と文化を一緒に固定する締め具（バックル）が形作られ、長期間の——実際永久の——自然の容貌を文化的差異や文化に媒介された社会的分化に作り直す、文化的に一定（ルーティン）の手順が生じた時点まで遡る。「彼女は、私にとって禁じられた唯一の女性であった」。彼の双子の姉のウナに対する自分の感情を吐露するとき、マックス・アウエはこのように呻いた／嘆いた。文化は、当たり障りのない、淡々とした自然に差異を挿入する。自然に関して言えば、すべての女性は性交にとって適合的である。そのような普遍的な規則（ルール）から姉妹を外すという考えは、親が同じだという、自然の事実から形成された文化的な人工の産物である。そのとき以来、同様の策略が文化の働きにおいて、繰り返し使われたとレヴィ＝ストロースは言う。たとえば、生き残る価値のある命から生きるに値しない命を、階級社会から下層階級（アンダークラス）を、人種の世界から人種らしさを失うものを区別し除外する。問題のない特性から問題となる特性を取り上げること、人々を分類し、カテゴライズし、分割すること、彼／彼女らの利益と権利を差別化することは、文化の最重要な関心事であり達成である。このように、文化はものごとを可能にし、制限し、あるいはまた禁止する。リテルとムージルは、そのような関心事や達成が芽生えた、神秘的な起源へと立ち戻る。アマルティア・センとマーサ・ヌスバウムに続いて、リチャード・セネットは、その成熟した産物のいくつかを指摘している。「人間というのは、学校や職場や市民団体や政治的体制（レジーム）が許容する以上のことをする能力がある。……協同に対する人々の能力は、制度が人々に許すことよりも、ずっと壮大で複雑である[13]。……制度とか文化的産物は、許可／不許可の権利を留保している。

　ジョーク・ブラウワーとショールド・ヴァン・トゥイネンは、彼らの共編本への序文で——少し楽天的すぎるきらいはあるが——

---

(13) Rechard Sennett, *Together: The Rituals, Pleasures and Politics of Cooperation* (Penguin, 2012), p. 19. 参照。

「消費主義の薄い層の下には、寛大さの海が横たわっている[14]」と宣言している（ところで、この見解はヴィクトル・ターナーのソサエタスとコミュニタスの対概念、あるいは1969年の彼の『通過儀礼』研究で導入された、構造と反構造の対概念を強く想起させるものである。それは、永続する共在的、相互関連的、相互浸透的な存在様式を表している）。ペーター・スローターダイク[6]は、ブラウワーとヴァン・トゥイネンの本[15]のなかのインタビューで、マルセル・モース[7]の贈物についての古典的研究を参照しつつ、問題にしている贈与は、単なる自然発生的な寛容さの表出ではない。それはまた、贈与者にとって、義務として経験されている——その義務は、怨念や憤慨とは関係せず、その充足は、自己不満や、自己犠牲の行為としては経験されないし、また考えられていないものではあるが。その性質上、真の贈物の場合には、利己主義と利他主義の間のよくある対立が解消される。そのような対立は、いわば仲間づきあいと、連帯の状態／条件／精神性／雰囲気のなかに溶解する。与えるということは善行を意味し、また気分の良いものでもある。善い行いをする衝動の他者志向と自己志向、他者主義と利己主義の観点が、溶け合い、もはやお互いに区別ができなくなる——ましてや、対立的ではなくなる。

　つづいてスローターダイクは、二つの経済の共存を示唆する。つまり、愛欲（エロス）の経済と気概（サイモス）の経済である。（経済の二番目の概念はプラトンの＜気概＞の考えから影響を受けている。つまり、理知（知性）と情念（物活論者の欲望）と共にある魂の第三の部分である＜気概＞は、自尊心や承認への欲求である——それは本質的に、人間精神における＜社会化＞の要因であり、一人を多くの人々に結びつける、私をあなたや他者［プラトンのit］に結びつける、存在の内部的側面と外部的側面を結びつける働きを

（14）　Joke Brouwer and Sjoerd van Tuinen (eds.), *Giving and Taking: Antidotes to a Culture of Greed* (V₂_Publishing, 2014), p. 5.
（15）　Peter Sloterdijik, 'What Does a Human Have That He Can Give Away?' in Brouwer and van Tuinen (eds.), *Giving and Taking*, pp. 10-1. 参照。

137

すると言ってよいであろう。プラトンの解釈者たちによって、人間の人間性は、人間がサバイバリスト的、物質主義者的傾向を超越し、気概の側面に関わるとき最も開花し、また「気概は人間が行う最善、最悪の事柄を動機づけるものである」と示唆されてきた[16]。）スローターダイクは言う。＜愛欲の経済＞は——

　　単に金銭によって駆り立てられるわけではなく、欠乏によって駆り立てられる。それは、欠乏とそれについての虚構（フィクション）を通して働く。もしも欠乏がなければ、それは継続するために欠乏を作り出す。気概の経済は、得ることではなく、与えることを欲する生き物として人間を描く。気概の経済は、与える傾向を強く持った者として人間を理解する。このことは、プレゼントを受けるのと全く同様に、プレゼントをあげることに喜びを見出す子どもに観察できることである[17]。

　けれども実際は、今日私たちが実践している大衆文化の形態は（スローターダイクが物憂げに考察するように）、共同的な意識を破壊している。それは「日々、大衆嗜好迎合や自己中心主義のプロパガンダによって行われている。消費社会においては、この辺のことは致し方ないことである。今日、個々人は何よりもまずは消費者であり、市民ではない」。付け加えれば、消費者というのは、＜共同的なもの（コモンズ）＞から引き出し、それを減少させる。一方、生産者というのは、それに付け加え、それに貢献する。市民というのは、理想的には、与えるものと得るものとを調整し均衡を保ちつつ、そしてその両者を保証できる＜コモンズ＞を確保することで、社会というものを先取りしている。＜気概的なもの（サイモティック）＞よりも、＜愛欲的なもの（エロティック）＞の増大、並びにそれに続く人間の＜動物的な愛欲的存在（エロティコン）＞への転換によって破壊

---

(16)　http://wordinfo.info/unit/3363/ip:5/il:T. 参照。
(17)　Sloterdijk, 'What Does a Human Have That He Can Give Away?', p. 17.

された、この二つの間の協調関係を元に戻すことで[18]。スローターダイクは、サイモン・シャーマ[8] の『金持ちの困惑』から引用して、「世界における本当の貧困層のいない初の国」としてオランダを挙げる。「彼らは、何を行ったのか？ 牧師が説教壇に上がり、金持ちにそのような生活は地獄への道だと言って、金持ちを恐れさせようとした[19]」のだとシャーマは言う。

第*12*章

教育・文学・社会学

R. M. この二回目の対話も最後の章に近づくにつれて、対話の手がか
りを記すために想定していたすべての考えは保留され、ほぼ捨ててし
まっていた。瓦解し、雲散霧消してしまった。自分の考えを書き留めよ
うとする人誰もが、ぎこちなくなり、困惑するような白紙のページから
の＜空白不安症候群＞を私は患うことは無かった。結局、自分の好きな
友人／学者／知識人との＜二回目＞の仕事に、結論を持ち出すことはし
なかった。そして、ドイツ人が言うように、「ただ一度は、全然ないのと
同じこと」である。どんなに称賛すべきものであろうと、それがもしたっ
た一度だけのものであれば、何の価値も持たない行為なのである。

　『今この場で』に掲載された、ポール・オースター [1] とJ・M・クッ
ツェーとの間の往復書簡で、クッツェーは、あるとき、綱渡り芸人と
共に、彼の友人によってなされたビデオ・インタビューである、フィ
リップ・プティ [2] によるDVDを観た後、映画とその芸人の両方につ
いて気がかりなことに触れる。そして、クッツェーは、プティによっ
て語られたもの、すなわち「カフカによって概要が語られ、その後、
放棄された物語(1)」よりも、もっと良い筋書きを想定する。そこでは、

---

(1) Paul Auster and J. M. Coetzee, *Here and Now: Letters* (2008-2011) (Vintage, 2013),
　　p. 127.

綱渡り芸人は、虚空のなかに吊るされたロープの上で、あえて自分の命を危険に曝す——彼は生き残るが、再び挑戦しようとはしない。彼は結婚し子どもができ、昔とは違った人間になる。ただ一度というのは十分ではないのである。

　私は常軌を逸していると思った。なぜなら、コンピュータをつけっぱなしにして、その後一語も書かずにコンピュータを切ったからである。そして、最終的に、すべての前提を忘れるために、頭を空っぽにする必要があったのだと気づいた。その前提とは、自分が精通していたので、友人たちに読むように勧めたウエルベックの作品、『ある島の可能性』から得た考察から、以前私がリーズに行ったとき、あなたがくれたボルヘス[3]の著書『ラビリンス』のなかにある「ピエール・メナール、ドン・キホーテの著者」に至るまで、とても広範囲なものであった。その仕事は、私の理解（浅くはないけれども）を全く超えており、現時点では、どんなレベルにおいても、検討することができないと感じるものである。

　一方、私の友人、マッシモ・レカルカーティに会うために、ポルデノーネ[4]に行く途中、汽車のなかで彼の最新の著書『レッスン時間(2)』を読んでいて、その本のなかに、私をブロックしているものが何であるのかを裏付ける証と、それから逃れることができる方法の両方を見出した。

　　ユング[5]が言うように、どの空白のページも、＜昔の重み＞、閉じ込め、従わせ、麻痺させることのできる過去の記憶の見えない層を引きずっている［……］。見えないけれど濃厚に蓄積された知識が、厚いもやもやで覆われている白紙のページに付着している。［……］創造のプロセスというのは、以前に生じたことすべての記憶を受け継

---

(2)　Massimo Recalcati, *L'ora di lezione* (Einaudi, 2014).

いでいるので、白紙のページは、常に死んだ物、活性化されない要因、不滅の理想や達成不可能な仕事で満たされている。それにもかかわらず、この記憶の継承には、決められたあり得る二つの道がある。つまり、それは学問的な反復の形で妥協されるか、あるいは本当に創造的な活動を生むかである[3]。

　彼の本は、＜知識愛＞の伝達を通してのみ具体的になり得る、知識を伝える難しい技術について語っている。私の見解では、知識愛は、豊富な書籍と官僚的な衒学から自由な肥沃な領土を必要とする。それは、誰にでも、何処にでも参加の機会が開かれており、多くの排他的な学派に見られる権力者集団（マフィア）に抵抗するものである。そのような学派では、主要な目的は、知識や一般的な幸福（ウェルビーイング）を広めることではなく、権威をもった人々の弟子——将来、その師匠の地位に取って代わる弟子との繋がりを作ることにある。これは、持てる者が、その仲間と共に、それによって金がより金を生み、貧しい人々の運命を絶望的なものにするネットワークを管理して、特権的な社会階層を長続きさせるやり方である。

　私は、この脚本家、アラン・ベネット[6]が、リーズのグランド劇場でのマチネを思い出して、ケンブリッジ大学の学生に行った授業のことが頭をよぎった。1951年の彼のケンブリッジとの出会い（「私はこれまで、美が常に咲き誇っている場所にいたことはなかった」）、社会階層が低すぎて、大学への入学を許されなかったという彼の苦い経験談、そして、あなたが私との共著『教育について』（2012）で書いたように、多くの＜ダイヤモンドの原石＞を見殺しにしているという独学の問題、そして彼が強調したように——

---

(3)　同上、pp. 45-6.

たとえキリスト教徒でなくても、それは不公平であると思う。公正の考えが、どの程度キリスト教の考えに負っているのかは分からないが。結局、今日人々が言うように、ひとは主の前では平等であり、それゆえ平等の機会に値するものである。このことは教育の分野には確かに当てはまらなし、これまでに当てはまったことはなかった。しかし、それは私たちが努力を止めるべきだということではない。真剣に取り組むべきときなのではないか[4]。

私はあなたが第2章で、これまで＜人に認められない＞と考えられてきたような生徒たちに自分の人生を捧げる、エラルド・アフィナティのような特別に良い、寛容な先生に救われることができた、類まれな＜ロレンツィーノ＞について語ったことについて、またその政策的な解決の必要性について真剣に考えてみた。確かに、政治的レベルでの希望を引き起こすような確かな兆候はないように思われる。クッツェーは、ボルヘスによって形式化された仮説を思い起こしている。

　　百科事典というのは、一旦完成すると、古い過去を新しい過去、それゆえ新しい現在に置き換える。［……］財政危機に適用するなら、ボルヘスの提案は少なくとも理論的には可能なように見える。人間の歴史に照らせば、コンピュータの画面の数というのは、大して影響力を持たない――そんなに重要ではない。もし望んだならば、それほどの数にはならず、新しい数でやり直すために、それなしで済ますことができたであろう[5]。

当然のこととして、すべてが私たち次第、私たちが賛同するか否か次第であり、おそらく、あなたがグスタボ・デサルとの対話で書いた

---

(4)　*London Review of Books* (www.lrb.co.uk)
(5)　Auster and Coetzee, *Here and Now*, p. 129.

ように、私たちは＜振り子の反復＞を待つ必要がある。

　社会学と文学の密接な関連に立ち返ると、残された課題は、自分た
ちの領域よりも、もっと広い地平へと開いていくという問題であり、
このことは両者の分野を共有するという問題である。オースターが
クッツェーに書いたように、「詩（あるいは芸術）が世界を変えるとは
誰も信じない。そのような尊い使命を遂行するものは誰もいない。今
日、詩人はどこにでもいるが、彼らは身内で話し合っているだけであ
る⁽⁶⁾」。

　あなたが敬意を表す、チャールズ・ライト・ミルズは、社会学にお
けるこの閉鎖性を予見していた。あなたと同様、ライト・ミルズは、
マッシモ・レカルカーティが描いた＜巨匠＞の人物像を具体的に述べ
ている。つまり、熱狂の引き金を引き、想像力の扉を開け放つこと
のできる者である。『社会学的想像力』のなかで、ライト・ミルズは、
皮肉を込めて、その時代に普及していた二つの理論を取り上げ、創造
的な批判を行っている。その二つとは、タルコット・パーソンズ^[7]の
＜誇大理論＞とポール・ラザスフェルト^[8]の＜抽象的な経験主義＞
である。最初のケースでは、ミルズは著者による複雑で理解できな
い記述を引用し、それを数行に要約することでそのことを行ってい
る。二番目のケースでは、その課題にとって本当に必要な情報すべ
てを持たずに、小さな田舎町に関する統計的データの提示に限定し
つつ、その全体における社会的文脈を説明する試みをやってみるこ
とを読者に勧める――ベネデット・ヴェッキが述べたような、「歴史、
社会および＜人種的＞階層、移民の流れ、そして宗教によって為さ
れる役割、さらに政治的営み、連邦政府の行政⁽⁷⁾」という事柄を抜き
にして。

---

(6)　同上、p. 87.
(7)　Benedetto Vecchi, 'Un sapere ridotto in frammenti', *Il manifesto*, 4 September 2014.

　人々はコンピュータではないことは分かっているので、ライト・ミルズは、読者の脳に情報ファイルをアップロードはしない。つまり、彼は欠落したものを満たすことで教示しようとはしない。反対に、彼は探究すべき新たな世界を切り開くことを望み、それをするために、火をつけねばならない。ライト・ミルズの本の付録「知的職人について」は、素晴らしく、感動的であった。つまり、そこで彼は、いかに個人的な経験が「独創的な知的作業の源泉としてとても重要か」を説明し、仮想の学生に向かって、「適切なファイルを持ち歩き、自己反省的な習慣を開発することで、自分の内部世界をいかに目覚めさせておくかを学ぶ[8]」ようにと言う。社会学者は学生に受動的な受け止め方を望んではいけない（それがシュンペーター、マルクス、ヴェーバーの教えであっても）。そうではなく、常に、どんな場合でも、以下に挙げる三つの視点が得られるように、本人が再加工し、再創造するのを助ける努力をすることである。つまり、(a) 誰かから、その人が所与の点に関して、全体として何を言っているのかを、体系的に言い換えることで直接学ぶこと。(b) あなたが受け入れたり、拒絶したりすることに、その理由や論点を与えること。(c) 自分自身の推敲や企図に対する示唆を与えてくれる人として、あなたが頼ることのできる他者[9]」。

　今日の学生は、愚かにもインターネットで＜すべての答え＞を見つけることができると勘違いしているが、この種のプロセスは実りのないものである。なぜなら、「もしも答えが図書館で見つけられるならば、フィールド調査をするのは馬鹿々々しいのと同じように、適切な経験的研究に結びつける以前に、それらの書物を研究し尽くしたと考えるのは馬鹿らしいことである。それは単に、事実の問題を扱っているに過ぎない[10]」。そして、社会学者は、あらかじめ決められたこと

(8) Charles Wright Mills, *The Sociological Imagination* (Oxford University Press, 1959, 2000), p. 197.（＝1965、鈴木広訳『社会学的想像力』紀伊國屋書店）
(9) 同上、p. 202.
(10) 同上、p. 205.

を実行するように訓練された単なる技術屋ではなく、社会科学の真の
＜学者＞になるために、一つの見方から他の見方へと転換することの
重要さを説き明かす。既存の解釈のカーテンを引き裂き、独創的な概
念を提示するために、「最初は曖昧で、掴みどころさえないに違いな
いものへ」関心を持つことができることがとても重要である。「しか
も、もしもそれが自分独自のものであれば、そのような曖昧なイメー
ジや考えに拘る必要があり、それを明確なものにしていかなければな
らない。なぜなら、オリジナルな発想というものが、もしあるとして、
大方最初に出てくるのは、そのような形においてだからである[11]」。

　このことは、ライト・ミルズが死ぬ直前に、これを書いたとき、今
日と全く同じ状況にあることに注目させられる。一方、文学において
表現された想像力も、しばしば似たような価値を持っている——たと
えば、イスラエルの作家、デイヴィッド・グロスマン[9] の最近の二
つの小説のことを考えるだけでいい。両方の作品とも、イスラエル・
パレスチナ紛争を終わらせることの難しさと、2006年にレバノンで
殺された彼の息子、ウリの死に影響を受けている。最初の『土地の終
わりまで』（2003）では、母親が軍事攻勢中の息子の死亡の知らせを
受け取ることをあらかじめ予見している。彼女は、仲の良い二人と、
連絡がつかない所にハイキング旅行に出かけて、その落胆させる衝撃
的な知らせが届かないようにする。

　次の『時間切れになる』（2014）では、やはり息子を戦争で亡くし
た男が、生と死が交錯する地点を見つけるべく、突然故郷を離れ、
＜そこ＞に赴くことを決心する。彼は自分の町の周りをぐるぐる歩き
始め、次第にやはり子どもを亡くした他の人々と結びつく。捨て鉢に、
同時に皮肉を込めて、著者は、自分が書く言葉でもって、死と隣り合
わせになろうとする。

---

(11)　同上、p. 212.

　最近、グロスマンは自らに問いかけている。「戦争の最中に、どうしたら家族の子どもたちを守ることができるのであろうか？　そんな非人間的な状況のなかで？　18歳になったら戦いに行かねばならない子どもたちを育てることで？」さらに彼は付け加える。「私たちの国では、この暴力の悪循環という現実から逃避しようとする傾向がある。イスラエルとパレスチナの両方で、皆がそうしている。私は30年間にわたって、占領に反対し続けてきた。パレスチナ人が自分の国を持たない限り、私たちも国を持つことができないであろう[12]」。私の見解では、これは全く妥当な宣言だが、彼の素晴らしい書籍よりも、はるかに影響力の弱いものである。つまり、想像力、分析、分析における想像力——このことが社会学と文学とに共通した宿命（デスティニー）なのである。

Z. B.　芸術が世界を変えることができるのかというオースターの投げかけた問題は、社会学にとっても同様の問いが当てはまる。私のとても長い人生の終盤に、その問題は——そのことを否定する証拠が、次第に増えつつあるとともに——私を最も悩ますことである。振り返って見ると、一見して分かるのは、長く続く偽りの兆しと、今なお生じる希望と、断たれた見込みや期待の巨大な墓場のように見える。現実化する機会が訪れる以前に、十分に信用されず、捨てられ、忘れられた言葉の巨大な墓場である。

　しかも、社会学者や小説家が、私たちの仲間には見えないことから驚くばかりの力（パワー）を引き出す、その最も本質的で難解な根源に至る、人々の条件を見極める——彼らの人生の生き方に目的や価値を見出し、意味を与える方法を探りつつ、その難解な罠や危険を避ける——のに役立つことを求められるとき、私たちには言葉以外に頼る手段がない。

---

[12]　ポルデノーネでの2013年9月の会議における David Grossman の発言内容。

偉大なジョゼ・サラマーゴは、2008年9月25日に以下のように書き留めている。

　　私たちが、周知のように不確実性の至高の創造者である、発話というものを発明する以前のごく初期の頃［つまり、おぼろげな動物的過去において（ZB)］、私たちは誰なのかについて、また自分自身を見出す場所との個人的、集合的関係について真剣に考えることで悩まされることはなかった。［……］その初期の段階で、世界は外観や、表面的なもの以外の何ものでもなかった。［……］すべてのものが、ただ見かけ上のものであった[13]。

　見かけから中身を見分けることを、私たちに許容し、促し、強いるのは言葉である。事柄の本質と、その外見との違いを作り出すのは言葉である。言葉は、そのメッセージを明確にし、真実を裁く議長に値する一方、感覚の示唆／暗示／ほのめかしに対して、それ自身で表現する。それでも、サラマーゴ自身が、ほんの二か月後の2008年11月18日に「私の人生において述べたたくさんの分別ある事柄が、結局まったく何の結果も生まなかったという事実に、苦々しい思いが残っている」と書き留めていた。そして、たとえ自虐的だとしても疑いなく、彼の生涯にわたる言葉を操る仕事の有効性について、そのような不利な決定を下す根拠は、私たちよりもずっと少ないはずである。サラマーゴは、小説家のなかで最も偉大な哲学者、および社会学者の一人だが、言葉の重要さを測るための基準を、普通の人よりもずっと高くに設定していた。一月後のクリスマスの日に、彼は書いている。「神は全世界の沈黙である。そして人間は、その沈黙に意味を与える叫びである」。

---

(13)　José Saramago in *O Caderno*, Amanda Hopkinson/Daniel Hahn訳、*The Notebook* (Verso, 2010) より引用。

コルネリュウス・カストリアディス [10] の最後のインタビューから影響を受けて、15年前に私は「今日の文化の問題は、それ自身を問うことを止めてしまったことである(14)」と書いた。私はまた、＜大きな物語＞の没落と終焉の宣言は、知識階層の撤退を告げていると述べた。つまり、近代の知的職業の総体的な拒絶であり、ジョン・ケネス・ガルブレイス [11] が印象的に言った＜満足した人々の退却＞である。さらに、私はまた「イデオロギーは、自然に対して理性というものを設けていた。ネオ・リベラルの言説は、それを自然化することで、理性の力を低下させた(15)」とも述べた。＜自然的＞であるというのは、理性も目的もないことを意味している。ただ＜ある＞ということである。世界の人工的に考案された、偶発的な領域に、＜自然性＞を帰属させるというのは、概して（そして、支配層から始まるが）、避けられる欠陥を克服し、回避できるやり方の過ちを正し、全体としてその選択に対する責任（たとえば、＜違うようにやることができた＞ことを受け入れる）を引き受けるために、相応しくないものから、相応しいものを見分ける意志を放棄した、社会の自己満足で自画自賛の雰囲気——不快で、より長い目で見れば有害な意気地のない自己欺瞞と、独りよがりの自己称揚とが合わさったもの、を隠蔽する操作である。

　私たちの時代の困惑は、問いを発することへの無視、拒否、学習された無能力に要約される。問いを発する術が衰え、消滅している。その術が使われなくなり、TINA＜他に方法がない＞——マーガレット・サッチャーによって、その時代にコンパクトに、また上手に要約されたように——という支配的な考えによって不評になっている。その称賛者に＜魅惑的な不穏＞と称される映画監督、ミヒャエル・ハネケ [12] が、彼の創造的な仕事の目的を定式化したように、「追い求め

---

(14) Zygmunt Bauman, *In Search of Politics* (Polity, 1999), p. 125.（= 2002、中道寿一訳『政治の発見』日本経済評論社）
(15) 同上、p. 128.

るものは、イデオロギーではなく、それ自身の偽りと格闘することである[16]」。次のように言っても良いだろう。答えは、不安を和らげる（より良いのは、追い払い、無くす）べく、考えられ、構成され、提供され、それによって格闘を終わらせる。一方で、問いの存在理由は、その受取人を無関心の状態から、戦う気分にさせることである。問いは、問われた人に選択をする義務、および選択とその結果に責任を持つ義務に目覚めさせる。言い換えれば、問うことは、その自己の道徳的性質に対して、誰を問題にするのかを人々に目覚めさせる。ワイスコフは、ハネケの仕事を、道徳化するものというよりも、倫理的なものとして分類している。それは、フーコー[13]の＜道徳教育学＞よりも、＜倫理的精神医学＞の概念に属するものである。つまり、「その仕事は、説得や、指導、教化をするのではなく、応答や反応を求め、その人の自己との関係を考えることを強いる＜真実というもの＞に、傍観者を直面させることなのである」。

　そのような真実は、精神教育や常識において強化された様々な真実が、問いと答えが互いに食い違う限りで、常識の偏見とは対立することになる。問いには、答えが作り出そうとする自己と同一の精神的、道徳的な安住を掘り崩す傾向がある。＜傍観者の生産的な活性化＞を刺激することを望んで——ワイスコフが適切に指摘したように——ハネケは「痛みや、苦しみを目に見えるようにするばかりでなく、観客に暴力を感じる（あるいは感じない）自分自身のあり方に面と向かうようにさせる」。ハネケは、暴力が＜売られ＞、多額の利益を見込める商業用の映画に資本化される、有害で憂鬱なやり方についての自分自身の見解を引用して、その見方を以下のように文章化している。

---

(16)　Michael Haneke, R. Weiskopf, 'Ethical-aesthetic Critique of Moral Organization: Inspirations from Michael Haneke's Cinematic Work', *Culture and Organization*, 20, March 2014, pp. 152-74. に倣って引用。

疚^{やま}しい心は売れない。私たちは全員、＜地獄の黙示録＞のヘリコプターに乗り、＜ワルキューレの騎行[14]＞に合わせて、アリのようなベトナム人へ向けて発砲している。よそ者に向けて発砲し、絶え果てるまで、果てしなく恐怖感を抱かせる。そして、私たちはサウナに行ったような寛ぎを感じる。なぜなら、私たちはその虐殺に何の責任もないからである。これに責任があるのは、共産主義^{コミュニズム}であり、ワシントンの干渉できない政治的な不正であり、あるいは、必要があれば、アメリカの大統領である。それは自分たちの友人でさえないのである。私たちは皆、喜んでそれに7ユーロを払うであろう。違うであろうか？

まさに、そうするであろう！　私たちは、昔の人が、巡回する修道僧によって市場化された、過去や未来の罪に対する免罪符を買ったように、疚しいことがないものにお金を払う。今日、そのような免罪符は、現在の伝道者^{アポステル}と共謀して商業化された、文化産業の主要商品である。それは、伝道者が説き勧める倫理的要求の観点から、その世界を捉え直す恐れのある、道徳的罪の意識を拭い去るために、反抗的な道徳的自己を、非道徳的な世界に遍く適合させることに夢中になっている。そのような既成の筋書き、あるいは自分自身で解明する筋書きの可能な大団円がどのようなものかを見出す作業は、物事やそれを始めるやり方が現状のままの場合、ミシェル・ウエルベックによって、彼の傑作『ある島の可能性』における、クローン人間シリーズの最後の主人公、ダニエル25に任された。「人間の楽しみは、私たち［新人類］には知ることができないままである。反対に、私たちは彼らの悲しみによって苦しめられることはない。私たちの夜は、恐怖や恍惚^{エクスタシー}によってはもはや震えない。それでも私たちは生きている。私たちは、楽しみ無しに、また悲嘆すること無しに、人生を生きている」。

　これが私たちの望むところであろうか？　幸福というのは、麻痺や

無感覚、無関心から導かれるものなのであろうか？　抜け出す権利や能力もなく、そこに留まるダニエル25にとって、自分の状態を＜幸福＞という言葉を用いて説明することはないであろう。

　商業主義によって——貪り食う過程で購買され、消化され、破壊される、また楽しむ過程でその光沢が剥ぎ取られ、その後ゴミとして処分される、巨大な、無限の、永久に使うことのできる商品の容器として、この世界を見、扱う文化によって——消費される生という私たちの時代の到来は、もう一人の極めて才能と洞察力のある小説家、ジョルジュ・ペレックによって予言的に見通されていた。それは、人生を滑らかで、棘のない、便利で快適にするものに喜びを発見し、そのようなものをたくさん得るために、金持ちになる決心をした、シルビーとジェロームのすでに引用した話においてであった。

　　彼／彼女らの世界では、得たもの以上のものを、常に欲すように大方仕組まれていた。彼／彼女らがそれを望んだわけではなかった。それは社会的な規範、まぎれもない事実であった。それは、一般的な、雑誌、陳列窓、街の景観、および、ある意味、通常の用語で適切に言えば、文化的生活を形作るすべての製造品において宣伝されていた[17]。

　数少ない、魅惑的だが、期待はずれの可能性を求めて、彼らは最終的に目的を果たした。彼らは、「快楽と幸福の魅了する多くの罠に囚われた、奇妙でチラチラ光る世界、市場文化の幻惑する世界[18]」に入り込んだ。そのような世界で、彼らの人生は「混乱も、悲劇的な出来事も、運命の曲折や転覆も問題にすらならない、唯々いさかいのない日々、一つのものが、他のものをほとんど変化させず、同じ主題の尽

---

(17)　Georges Perec, Les choses (Julliard, 1965) 参照。David Bellows 訳、*Things: A Story of the Sixties* (Vintage Books, 2011), p. 49.（＝1978、弓削三男訳『物の時代——小さなバイク』白水社）より引用。

(18)　Perec, *Things*, p. 77.

きない繰り返し⒆」が約束──彼らはそれを夢見ていた──されていた。

　だが、思わぬ障害──＜果てしない幸せ＞のこの世界で、棘のある厄介な問題があった。何度も、この若いカップルは「長く時間がかかることに我慢ができなかった。彼らは戦い、勝つことを望んだ。でもどのように戦うことができたのか？　誰と戦うのであろうか？　彼らは何と戦うべきなのか？⒇」ペレックは、過去において、また現在においても同様に、多くの人々が一片のパンと、一杯のきれいな飲み水と戦ったし、戦っていることを私たちに思い起こさせた。──しかし「ジェロームとシルビーは、人々が大型ソファの長椅子を求める戦いに加わるとは、まったく思ってもいなかった」。誰が思ったであろうか？　私はヴォルフガング・ゲーテの幸福の考えを思い起こさざるを得ない。それは、過去を振り返って見て、自分の人生が幸福であったと思えるかどうかという問いへの答えに示唆されている。すなわち、「私はとても幸福な人生を送った。でも、私は幸福な一週間を思い出すことはできない」。その意味は、幸福は困難や悲しみ、苦悩がないことから生じるのではなく、それらに抗い、戦い、打ち勝つことから生じるということである。

　『物』から2年後、ペレックは『眠る男⒇』を出版した。それは、始まったばかりの消費主義の時代が、確実に終焉することについての哲学的考察である。つまり、「おそらく長い間、人々は自分自身を偽り続けることができたが、自分の感覚を殺し、どんどん深く窮地に沈み込んでいった。しかしゲームは終わった。宙ぶらりんの人生における、壮大な乱痴気騒ぎや、偽りの有頂天は終わった。世界は動き始めなかったし、人々は相変わらずであった。無関心は人々に何の違いも生み出

⒆　同上。
⒇　同上。
(21)　*Things* のなかの、Andrew Leak 訳、*A Man Asleep*（『眠る男』）から引用。

さなかった」。人生の幸福を生み出す潜在的能力については、壁紙を変えたい欲望と、世界およびそこに暮らす人々の窮状を変えたいという望みとの間には隔たりがある。それは本当に計り知れないほどの、果てしなく大きな違いである。

　壁紙と家具、窓からの眺めに沿って、あなたの配偶者と愛する者たち、並びにあなたの様々な考えとあなた自身、それらは——もう一人の先見の明のある著作家、ヨシフ・ブロッキー [15] が予見するように——あなたがきっと飽きてしまう消費の対象に囲まれている㉒。さもないと長々と続く平凡で単調な日々に、ある程度の興奮を投じることを約束する、広告のコピー作家による執拗な誘いに従って、あなたは過去の楽しみの使い古した印（トークン）をすべて、近くのゴミ捨て場に捨てるためにまとめるかもしれない——そして、＜新たな始まり＞のように見える、いまだ手のつけられていない楽しみを探す（たとえば、新しい壁紙、新しい窓からの眺め、新しい恋人など）。だが、もしも新しい壁紙や、消費生活の他のどんな装身具も、それを替えることが人生の幸せをもたらすと考えるのであれば、つらい欲求不満に陥るであろう。ブロッキーが忠告するように——また、あなたが追い求める幸福のために（そして、これを機に、人間の幸せにとって、少しでも希望の持てる良い世界のためにも）、あなたが読み、良く考え、記憶し、心に留めるべきものとして——出没自在の、望みなく差異化する、相争う幸福は、その日（一日より長くはない）までは続くであろう。「あなたが新しい家族や違った壁紙に囲まれた寝室で、旅行代理店からの請求書の山と、窓から差し込む日の光に向けて、昔の感覚と同じだが、目を細めて目覚めるとき［……］神経症と鬱があなたの語彙に加わる。つまり、薬の錠剤と常備薬戸棚が加わる」。

　これらは基本的な存在論的問題であり、新たな刺激や、始まりを日々

㉒　Joseph Brodsky, *On Grief and Reason: Essays of Joseph Brodsky* (Farrar, Sraus and Giroux, 1995), pp. 107-8. 参照。

追いかけている——本質的に、おそらく治癒することのない、消費者の近視眼的社会で、瞬間の専制政治[23]の下で生きている、忙しい生活の 商 標 である——ことで、はっきりと見えなくなっている問題である。人間の自律性、自己創造、自己主張という近代の夢が、人間の能力の限界を超えないように、消費者は人間の関心の中心を取り戻すことに夢中になっている。

これら、および他の基本的な存在論的問題を問うこと、またそれらを再び大衆の検討課題にすることは、文学と社会学に共有された 使 命 である。これらの問題を追究することは、二つの創造的な探究を統合することである。この両者を相互補完的なものにし、永続的な相互作用と相互啓発を促すことが求められる。

---

[23]　同じタイトルの研究書（Pluto Press, 2001）において、Thomas Hylland Eriksen によって造られた成句。広範な議論については、Zygmunt Bauman, *Consuming Life* (Polity, 2007), 3章も参照。

訳 注

■序

[1] テオドール・アドルノ（1903-1969）、ドイツの哲学者、社会学者。フランクフルト学派を代表する思想家。「自然と文明との融和」というユートピアに基づく、近代文明と現代管理社会への根本的批判が主題であった。

[2] フレドリック・バルト（1928-2016）、ノルウェーの社会人類学者。原注にある編著『エスニック集団と境界』で、エスニック・アイデンティティ論を展開している。

[3] ゲオルク・ルカーチ（1885-1971）、ハンガリーの哲学者、文芸批評家、美学者。西欧マルクス主義の代表者。1923年の著書『歴史と階級意識』が有名。

[4] ミラン・クンデラ（1929-2023）、チェコスロバキア生まれのフランスの作家。現代ヨーロッパ最大の作家の一人である。代表作に『存在の耐えられない軽さ』（1984）がある。

[5] ヘルマン・ブロッホ（1886-1951）、オーストリアの作家。ロベルト・ムージルと並んで、オーストリアの生んだ二大巨匠と言われている。1938年、ナチスの迫害を避けるためにアメリカに亡命した。

[6] ジョゼ・サラマーゴ（1922-2010）、ポルトガルの作家。1998年にポルトガル語世界初のノーベル文学賞を受賞した。代表作に『修道院回想録』、『白の闇』などがある。

■第1章 二人姉妹

[1] マルセル・プルースト（1871-1922）、フランスの作家。終生の大作『失われた時を求めて』は後世の作家に強い影響を与え、ジェイムズ・ジョイス、フランツ・カフカと並び称される、20世紀西欧文学を代表する世界的な作家として位置づけられている。

[2] マリオ・ルジ（1914-2005）、イタリアの詩人。彼女の詩の主要なテー

マは、時間と永遠、個人と宇宙の間の苦悩に満ちた対比。原注、1978年の『論争の火へ』で、ヴィアレッジョ賞を受賞。

[3] ジョン・マックスウェル・クッツェー（1940- ）、南アフリカ出身の作家。オーストラリアの市民権を取得。2003年のノーベル文学賞の受賞者。

[4] ケイティ・ペリー（1984- ）、アメリカ合衆国の歌手、ソングライター。

[5] ジェームス・ブラント（1974- ）、イギリス出身の歌手、ソングライター。

[6] デイヴィッド・ロッジ（1935- ）、イギリスの作家、英文学者。「キャンパス・ノベル」の作品で知られる。

[7] レオポルト・フォン・ランケ（1795-1886）、19世紀ドイツの指導的歴史家。実証主義に基づき、史料批判による科学的な歴史学を確立した。

[8] アルフレッド・ノース・ホワイトヘッド（1861-1947）、イギリスの数学者、哲学者。論理学、科学哲学、数学、高等教育論、宗教哲学などに功績を残した。

[9] ヘザー・マクロビー（1985- ）、イギリス系オーストラリア人の作家、法学者。憲法、人権法、法哲学の研究に携わる。『文学の自由』（2013）は、彼女の最初のノンフィクションの本である。

[10] ラドヴァン・カラジッチ（1945- ）、ボスニア・ヘルツェゴビナの政治家、詩人、精神科医、スルプスカ共和国の元大統領。ユーゴスラヴィアからボスニア・ヘルツェゴビナが独立したことに反発するセルビア人がスルプスカ共和国の独立を宣言したことに伴い、その大統領になった。これによって、ボスニア・ヘルツェゴビナ紛争に突入した。

[11] スーザン・ソンタグ（1933-2004）、アメリカ合衆国の作家、映画製作者、社会運動家。アメリカを代表するリベラル派知識人として、ベトナム戦争やイラク戦争に反対するなど、オピニオンリーダーとして注目された。

[12] レニ・リーフェンシュタール（1902-2003）、ドイツの映画監督、写真家、女優。主な作品に『オリンピア』、『意志の勝利』などがある。

[13] ジークフリート・クラカウワ（1889-1966）、ドイツのジャーナリスト、映画社会学者。1921年、「フランクフルター・ツァイトゥング」紙の学芸欄編集部に入り活躍する。代表作に『カリガリからヒトラー』（1947）

がある。

[14]　1555年、ドイツのアウクスブルクで開かれた帝国議会で、プロテスタント（ルター派）の信仰を認めた決定のこと。アウクスブルクの和議と言われる。これによってプロテスタントの存在が正式に認められた。

[15]　カトリックとプロテスタントの対立から、ドイツでは1618年に最大の宗教戦争である30年戦争が勃発する。この戦争は、ヨーロッパ諸国間の戦争へと発展するが、1648年に終結し、講和条約としてウェストファリア条約が締結された。

[16]　ウッドロー・ウィルソン（1856-1924）、アメリカ合衆国の政治家、政治学者。第28代アメリカ合衆国大統領を務めた。第一次世界大戦終結のパリ講和会議を主宰し、国際連盟の創設に尽力した。

■第2章　文学による救済

[1]　エラルド・アフィナティ（1956-）、イタリアの作家、教師。2008年『男の子の街』で批評家賞ヴィーコデルガルガーノ受賞。

[2]　リチャード・セネット（1943-）、アメリカ合衆国の社会学者、専門は都市社会学。ロンドン・スクール・オブ・エコノミクスおよびマサチューセッツ工科大学教授。

[3]　ソビエト連邦に存在した強制労働収容所。レーニンによって設置され、スターリンが支配した1930年代から1950年代にかけて頂点に達した。

[4]　ホルヘ・ルイス・ボルヘス（1899-1986）、アルゼンチン出身の作家、詩人。夢や迷宮、無限と循環、架空の書物や作家、宗教・神などをモチーフとする幻想的な短編作品によって知られている。

[5]　アマルティア・セン（1933-）、インドの経済学者、哲学者。厚生経済学への貢献によって、1998年アジア初のノーベル経済学賞受賞者になる。政治学、倫理学、社会学にも影響を与えている。ハーバード大学教授。

[6]　マーサ・ヌスバウム（1947-）、アメリカ合衆国の哲学者、倫理学者。アマルティア・センとの共同研究で、「潜在能力アプローチ」を提起し、開発や貧困をめぐる議論に影響を与えた。シカゴ大学教授。

[7]　ジョージ・リッツァ（1940-　）、アメリカ合衆国の社会学者。現代社会の特徴をマクドナルド化と名付けたことで知られる。メリーランド大学教授。

[8]　ヴィットリオ・デ・シーカ（1901-1974）、イタリア出身の映画監督、俳優。1951年『ミラノの奇蹟』で、カンヌ国際映画祭グランプリ受賞。その他の作品に、『自転車泥棒』（1948）、『ああ結婚』（1964）などがある。

■第3章　振り子とカルヴィーノの空の中心

[1]　ジャン・ピアジェ（1896-1980）、スイスの心理学者。20世紀において最も影響力の大きかった心理学者の一人である。発生的認識論を提唱し、発達心理学の発展に貢献した。

[2]　ジェローム・ブルーナー（1915-2016）、アメリカ合衆国の心理学者。一般には教育心理学者として知られている。認知心理学、文化心理学の発展にも貢献した。ピアジェと共に、20世紀心理学の巨人である。

[3]　ジークムント・フロイト（1856-1939）、オーストリアの心理学者、精神科医。精神分析学の創始者として知られる。心理性的発達理論、リビドー論、幼児性欲を提唱した。人間の心の「無意識」という世界を発見したことによって、20世紀の思想に大きな影響を与えた。

[4]　キース・テスター（1960-2019）、イギリスの理論社会学者。絵画、道徳、哲学、フランスの映画監督に関する作品まで、かなり広範な著書がある。イギリスのハル大学の教授であった。

[5]　ミカエル・ヴィード・ヤコブセン（1971-　）、デンマークの社会学者。死の文化変容や犯罪問題に関わる幅広いトピックの専門家として活躍している。デンマークのオールボー大学教授。

[6]　ホモ・デモクリトスとは、民主主義の原則を堅持した人間のこと。

[7]　五つ星運動〔ファイブスター〕は、イタリアの左派ポピュリズムの政党。2009年に結党された。直接民主主義を政党の理念として掲げている。

[8]　モイセス・ナイム（1952-　）、リビア出身のジャーナリスト。原注『権力の終焉』の著者として知られる。

[9]　マルコ・ベルポリティ（1954-　）、イタリアの作家、文芸評論家。イタ

リアのベルガモ大学教授。イタリア文学、視覚芸術に造詣が深い。

[10] イタロ・カルヴィーノ（1923-1985）、イタリアの作家、評論家。20
世紀イタリアの国民的作家とされ、多彩な作風で「文学の魔術師」と
も呼ばれる。

[11] イリヤ・プリゴジン（1917-2002）、ロシア出身のベルギーの化学者、
物理学者。非平衡熱力学の研究で知られ、散逸構造の理論で1977年の
ノーベル化学賞を受賞した。プリゴジンの散逸系、開放系の理論や思
想は、社会学や生態学、経済学などのモデルとしても応用されている。

[12] アーリー・ラッセル・ホックシールド（1940-）、アメリカ合衆国の
社会学者。フェミニスト社会学の第一人者。早くから感情の社会学に
着目し、1983年『管理する心』（世界思想社）を出版し、感情社会学と
いう新分野を切り開いた。カリフォルニア大学バークレー校名誉教授。

■第4章　父親問題

[1] マッシモ・レカルカーティ（1959-）、イタリアの精神分析家、エッセ
イスト。深刻な摂食障害の治療を専門としている。

[2] ルイジ・ゾヤ（1943-）、イタリアの精神分析家、エッセイスト。彼のエッ
セイは、現代の苦境（たとえば父親の不在）を神話や古典文学で表現さ
れているように、永続的な古代のパターンに照らして解釈している。

[3] マックス・ウェーバー（1864-1920）、ドイツの社会学者。政治学、経済
学、歴史学など社会科学全般にわたる業績を残している。社会学黎明期
に続く、第二世代の社会学の主要人物。近代社会科学方法論の確立者で
あるとともに、宗教と社会との関係を論じた第一人者である。『プロテ
スタンティズムの倫理と資本主義の精神』は有名。

[4] ヴォルテール（1694-1778）、フランスの哲学者、文学者、歴史家。本
名はフランソワ＝マリー・アルエ。ジョン・ロックなどと共に啓蒙主義
を代表する人物とされる。また、百科全書派の学者の一人として活躍し
た人物として知られている。

[5] ベッペ・グリッロ（1948-）、イタリアのコメディアン。2009年にジャ
ンロベルト・カザレッジョと、イタリアの左派ポピュリズム政党、「五

つ星運動」を結成した。

[6]　トマス・ホッブズ（1588-1679）、イギリスの哲学者。17世紀の近世哲学にあって、デカルトなどと共に機械論的世界観の先駆的哲学者の一人である。人工的国家論の提唱と社会契約説により、近代的な政治哲学理論を基礎づけた人物である。

[7]　エミール・デュルケーム（1858-1917）、フランスの社会学者。従来の有機体的、心理学的方法に代わる、社会学に固有な客観的、社会学的方法を提唱した。研究の対象を社会的事実に求める立場に立つもので、社会学に固有の対象と領域を与えた点で、学史上重要な意味を持つ。社会的分業や自殺などの社会事象の分析に優れた業績を残した。

[8]　カール・シュミット（1888-1985）、ドイツの思想家、法学者、政治学者、哲学者。法哲学や政治哲学の分野に大きな功績を残した。全体主義的国家論を提唱し、ナチスに理論的基礎を与えた。政治的なものの本質が友と敵との対立にあるとする、友敵理論で知られる。

[9]　セーレン・キルケゴール（1813-1855）、デンマークの哲学者、思想家。今日では、実存主義の先駆けとして評価されている。その実存思想とは、自己を見失った生き方を神への信仰によって自分らしく生きることへと飛躍させることを目指したものである。

[10]　ブレーズ・パスカル（1623-1662）、フランスの哲学者、物理学者、数学者、神学者、発明家。神童として数多くのエピソードを残した早熟の天才で、その才能は多分野に及んだ。「人間は考える葦である」など多くの名文句や有名な思弁のある遺稿集『パンセ』は有名である。

[11]　ヴィクトル・ターナー（1920-1983）、イギリスの文化人類学者。象徴、宗教儀式、通過儀礼等の研究で知られる。ターナーは、社会が「ソサエタス（構造）」と「コミュニタス（反構造）」のセットで存在すると言う。コミュニタスとは、社会構造が未分化ですべての成員が平等な共同体として定義される。

[12]　トマス・アクィナス（1225-1274）、中世ヨーロッパ、イタリアの神学者、哲学者。『神学大全』を著しスコラ哲学を大成した。それは、神の存在と教会の正当性を論証する大著として、後世のキリスト教に大

きな影響を与えた。

■第5章　文学と空位の時代

[1]　アドルフォ・ファットーリ（1955-　）、イタリアの社会学者。ナポリの
　　美術アカデミーの社会学分野の教授。専門はコミュニケーション論。

[2]　フランツ・ヴェルフェル（1890-1945）、オーストリアの作家。ヴェルディ
　　の多くのオペラをドイツ語に翻訳した。

[3]　アントニオ・グラムシ（1891-1937）、イタリアの哲学者。マルクス主
　　義思想家で、イタリア共産党創設者の一人である。戦間期のイタリアで、
　　ムッソリーニ政権によって投獄されたが、その獄中で執筆した『ノート』
　　で展開した思想概念が、後世に大きな影響を及ぼした。

[4]　ローベルト・ヴァルザー（1878-1956）、スイスのドイツ語作家。その
　　作風は、一見素朴で戯れているような印象を与えるが、その背後には極
　　めて現代的で精確な日常の観察が隠されている。『ヤーコプ・フォン・
　　グンテン』（1909）は代表作の一つ。邦訳は（若林恵訳『ローベルト・ヴァ
　　ルザー作品集3：長編小説と散文集』（2013）、鳥影社）に所収。

[5]　W・G・ゼーバルト（1944-2001）、ドイツ出身の作家。写真やイラス
　　トなどを組み合わせた、小説とも随筆とも言えるような独特の散文作品
　　で知られている。若くしてイギリスに移住したが、創作は一貫して19
　　世紀の古典を意識したドイツ語で行なった。

[6]　エリアス・カネッティ（1905-1994）、ブルガリア出身のユダヤ人作家、
　　思想家。1981年に、着想と芸術性に富み、幅広い視野によって書かれ
　　た著作に対して、ノーベル文学賞が授与された。

[7]　パウル・クレー（1879-1940）、スイスの画家、美術理論家。その作風は、
　　表現主義、超現実主義などのいずれにも属さない、独特のものであった。

[8]　サミュエル・ベケット（1906-1989）、アイルランドの劇作家。不条理
　　演劇を代表する作家の一人であり、小説においても20世紀の重要作家
　　の一人とされる。代表作に『ゴドーを待ちながら』がある。

[9]　ロベルト・ムージル（1880-1942）、オーストリアの作家、エッセイス
　　ト。長編小説『特性のない男』は世界的に高い評価を受けており、ジョ

イスの『ユリシーズ』やプルーストの『失われた時を求めて』と並び、20世紀前半の文学を代表する作品と見なされている。

[10] ウジェーヌ・イヨネスコ（1909-1994）、ルーマニアの劇作家。主にフランスで活躍した。ベケットと共に、フランスの不条理演劇を代表する作家の一人として知られている。代表作に『はげの歌姫』がある。

[11] ニコライ・ゴーゴリ（1809-1852）、19世紀ロシアの作家。ロシアのリアリズム文学創始者の一人で、社会の腐敗や人間の卑俗さを鋭く風刺した。ドストエフスキーやエドガー・アラン・ポオ、芥川龍之介など、後世の文豪たちに影響を与えた。

■第6章　ブログと仲介者の消滅

[1] ジョナサン・フランゼン（1959- ）、アメリカ合衆国の作家、批評家。2001年に出版した『不快な領域』で全米図書賞など多くの賞を受賞した。

[2] カール・クラウス（1874-1936）、オーストリアの作家、ジャーナリスト。モラヴィア出身のユダヤ人であり、ウィーン世紀末文化の代表者である。1899年、闘争的な評論雑誌『トーチ』を創刊、編集を行なう。

[3] ジョン・アップダイク（1932-2009）、アメリカ合衆国の作家、詩人。『走れウサギ』、『帰ってきたウサギ』、『金持ちになったウサギ』、『さようならウサギ』の4部作に代表される、都会的で知的な作風が魅力で、アメリカ内外の読者に人気がある。

[4] フィリップ・ロス（1933-2018）、アメリカ合衆国の作家。現代のアメリカ文学を代表する小説家の一人である。アイデンティティの問題や性愛・結婚への不適合に苦悩する主人公を描いた内省的な作品から、アメリカの社会や歴史を虚構として再構築したスケールの大きい物語まで、幅広いテーマを扱っている。代表作に『さようならコロンバス』、『背信の日々』などがある。

[5] ユージーン・ボーグナ（1930- ）、イタリアの精神科医、エッセイスト。相互の対話と精神疾患患者への共感的な傾聴に重点を置いた治療法を用いた。イタリアで初めて、より人道的で、敬意を払い患者の痛みを理解

する、精神疾患への新しいアプローチを採用した。

[6]　トーマス・グレシャム（1519-1579）、イギリスの財政家、貿易商。「悪貨は良貨を駆逐する」というグレシャムの法則で有名である。

[7]　ニコラス・コペルニクス（1473-1543）、ポーランド出身の天文学者。晩年に『天球の回転について』を著し、当時主流であった地球中心説を覆す太陽中心説を唱えたことで有名である。

[8]　アリストパネス（紀元前446頃-紀元前385頃）、古代アテナイの喜劇詩人、風刺詩人。代表作に、『雲』、『騎士』、『蛙』などがある。『蛙』は、アイスキュロスとエウリピデスの試曲を材に採り、パロディーなどを織り交ぜて優れた文芸批評に仕上げている。

■第7章　私たちは皆自閉症になりつつあるのか？

[1]　ミゲル・ベナサジャグ（1953-　）、アルゼンチン出身の哲学者、精神分析家。認識論研究であり、元フランス系アルゼンチン人のゲバリステ抵抗家であった。彼は左翼リバタリアン運動に近い。

[2]　ジャン＝ミシェール・ベスニエ（1950-　）、フランスの哲学者。ソルボンヌ大学名誉教授。現在の研究のテーマは、科学と技術が個人および集団の表象と想像力に及ぼす哲学的、倫理的影響に関するものである。

[3]　オーウェル的ディストピアとは、ジョージ・オーウェルが1949年に刊行した小説『1984年』で描いたディストピアのことを指す。全体主義国家によって分割統治された、近未来世界の監視・管理社会の恐怖を描いている。

[4]　ベネデット・ヴェッキ（1959-2020）、イタリアのジャーナリスト。「マニュフェスト」新聞で、主に文化面を担当した。インターネット問題に関する多くのエッセイを専門誌に発表している。

[5]　ギュンター・アンダース（1902-1992）、ドイツの哲学者、ジャーナリスト。様々な仕事を経て、1945年以降に核に反対する活動を積極的に展開した。著作に、広島・長崎やアウシュヴィッツに関するものがある。

[6]　アラン・エーレンバーグ（1950-　）、フランスの社会学者。現代社会における個人の不安の問題に関心を向け、達成と自立の必要性、社会的道

標と支援システムの喪失を問題としている。

[7]　テンプル・グランディン（1947- ）、アメリカ合衆国の動物学者。非虐待的な家畜施設の設計者である。コロラド州立大学教授。自閉症を抱えながら、社会的な成功を収めた人物として知られている。

[8]　ハンス＝ゲオルク・ガダマー（1900-2002）は、ドイツの哲学者。哲学的解釈学と名付けられる、言語テクスト（事柄）の歴史性に立脚した独自の哲学的アプローチで知られる。ガダマーは、人や時代、地域によって異なるものの見方・感じ方のことを地平と呼んだ。理解が困難なテクスト（現在の自分とは異質なもの・他者）に出会ったとき、解釈者である自分は地平の動揺に襲われる。「地平の融合」とは、自らの地平の動揺により、自らの地平が相対化され、第三の地平が開かれることをいう。

[9]　クルト・レヴィン（1890-1947）、ポーランド出身の心理学者。専門は社会心理学、組織心理学。人間の行動は、その人を取り巻く環境、すなわち「場」の力によって影響を受け、人間の特性と環境が相互に作用して生じるというクルト・レヴィンの法則（場の理論）で知られている。

■第8章　21世紀のメタファー

[1]　アンナ・スファードは、ジグムント・バウマンの娘である。数学者であり、イスラエルのハイファ大学の数学教育学科の名誉教授。

[2]　グレゴリー・ベイトソン（1904-1980）、アメリカ合衆国の人類学者、言語学者。精神病棟でのフィールドワークから、矛盾する二つのメッセージに拘束される「ダブルバインド」という概念を生み出し、統合失調症をコミュニケーションに基づく見地から説明した。

[3]　マーシャル・マクルーハン（1911-1980）、カナダ出身の英文学者、文明批評家。マクルーハンの名を著名にしたのは、メディアに関する理論である。メディア研究と呼ばれる分野において、重要な位置を占める人物の一人である。

[4]　リサ・ジェノヴァ（1970- ）アメリカ合衆国の神経科学者、作家。早期発症性アルツハイマー病に苦しむハーバード大学の教授を主人公にした小説『アリスのままで』が作家デビュー作であり、ベストセラーに

なる。2014年には映画化された。

[5]　ガブリエル・ガルシア＝マルケス（1927-2014）、コロンビアの作家。架空の都市マコンドを舞台にした作品を中心に魔術的リアリズムの旗手として、多くの作家に影響を与えた。1982年にノーベル文学賞受賞。現実的なものと幻想的なものとを融合させ、一つの大陸の生と葛藤の実相を反映する豊かな想像力の世界を築いたというのが受賞の理由である。

[6]　ジョージ・レイコフ（1941- ）、アメリカ合衆国の言語学者。認知言語学の創設者の一人であり、従来言語学からは周辺的な現象として扱われてきたメタファーを、日常言語活動に必須の認知能力として捉え直したことで有名である。

[7]　マーク・ジョンソン（1949- ）、アメリカ合衆国の哲学者。身体化された哲学、認知科学、認知言語学への貢献で知られている。代表作には、ジョージ・レイコフとの共著『レトリックと人生』（渡部昇一ほか訳、大修館書店、1986年）がある。

[8]　ナルキッソスは、ギリシャ神話に登場する美青年。ニンフのエコーを失恋させたあと、泉の水に映った自分の姿に恋し、満たされぬ思いにやつれ死んで水仙の花に化したという。ナルシストの語源である。

[9]　ピュグマリオンは、ギリシャ神話に登場するキプロス島の王。現実の女性に失望していた彼は、優れた技術を持つ彫刻家であったので、理想の女性の像を象牙で造った。そして、その美しさに本気で恋をしてしまう。のちに像が人間へと変身する奇跡が起こり、ピュグマリオンは、その像にガラテイアと名付け結婚する。

[10]　ラインハルト・コゼレック（1923-2006）、ドイツの歴史家。20世紀の最も重要な歴史家の一人である。概念史、歴史の認識論、言語学、歴史と社会史の人類学、法の歴史に先駆的な貢献をした。

[11]　ヴィクター・ルボウ（1902-1980）、アメリカ合衆国の経済学者、エッセイスト。アメリカの消費者資本主義のダイナミクスを定式化したことで知られている。

[12]　ジャック・ペレッティ（1967- ）、イギリスのジャーナリスト。ロンドンを拠点に、ガーディアン紙等に記事を書いている。

[13]　ジョルジュ・ペレック（1936-1982）、20世紀フランスの作家、エッセイスト。デビュー作は『物の時代』（1965）、同作でルノードー賞。1978年に、『人生使用法』で、メディシス賞受賞。

[14]　クリストファー・ラッシュ（1932-1994）、アメリカ合衆国の歴史学者、社会批評家。現代アメリカ社会・文化に対する辛辣な社会批評を様々な主題の下に展開している。1980年、『ナルシシズムの時代』で全米図書賞受賞。

[15]　ソースタイン・ヴェブレン（1857-1929）、19世紀・20世紀初頭のアメリカ合衆国の経済学者、社会学者。自分が生きた時代への批判は、マルクスとは異なる視点からの現代産業社会の分析である。1899年の著作『有閑階級の理論』は、「誇示的消費」の概念とともによく知られている。

[16]　ジャック・デリダ（1930-2004）、フランスの哲学者。アルジェリア生まれのユダヤ人。ポスト構造主義を代表する哲学者である。西欧哲学のロゴス中心主義を批判し、脱構築をキーワードとした哲学理論を展開した。

[17]　ハリー・トルーマン（1884-1972）、アメリカ合衆国の政治家、第33代大統領。第二次世界大戦終結時の大統領であり、NATO、CIA、NSA、国防総省を設立した。

[18]　マイケル・マッコビー（1933-2022）、アメリカ合衆国の精神分析学者、人類学者。組織と仕事を改善するための研究、執筆、プロジェクトにおいて、リーダーシップの専門家として世界的に認められている。

[19]　ガルガンチュワは、フランスの作家フランソワ・ラブレーの『ガルガンチュワ物語』に出てくる巨人。ガルガンチュワの挑戦とは、途方もない、膨大な挑戦という意味である。

[20]　ヘラクレス的課題とは、ギリシャ神話の最大の英雄、ヘラクレスがアルゴス王エウリュステウスに命じられた12の難題解決の物語に因んで、非常に難しい課題のことである。

■第9章　危険を冒すツイッター文学

[1]　ドゥブラヴカ・ウグレシィチ（1949- ）、オランダ在住のクロアチア人の作家。ユーゴスラビア紛争において、セルビアやクロアチアなど紛争当事者である各国当局やメディアがもたらす民族主義的な情報操作を批判している。

[2]　コリーヌ・アトラス（1952- ）、フランスの作家、脚本家。演劇、映画、テレビの脚本、小説を数多く書いている。

[3]　エドガール・モラン（1921- ）、フランスの哲学者、社会学者。ユダヤ系のスペイン人である。その仕事は諸学問の境界を横断する超領域性で知られている。また、ヌーヴェルヴァーグの映画監督としても知られている。

■第10章　乾きと湿り

[1]　ジャン・ラシーヌ（1639-1699）、17世紀フランスの劇作家。フランス古典主義を代表する悲劇作家である。その悲劇作品のほとんどは、三一致（時間、場所、筋の一致）の法則を厳格に守り、主にギリシャ神話や古代ローマの史実に題材をとっている。

[2]　エクリチュールは、ロラン・バルトが提出した概念。バルトは言語活動を三つの層に分けて考察した。第一はラングで、共同体の成員によって使用される言語、つまり国語ないし母国語のこと。第二はスティルで、言語使用における個人的な偏り、文体のこと。第三がエクリチュールで、ラングとスティルの中間に位置し、社会的に規定された言葉の使い方のことを指している。零度のエクリチュールとは、中性的エクリチュールのことで、社会的性格を欠いた言葉の使い方、文体を意味する。

[3]　ミシェル・ウエルベック（1956- ）、フランスの作家、詩人。代表作に『素粒子』、『ある島の可能性』、『地図と領土』などがある。『ある島の可能性』（邦訳あり）はウエルベックが自分の最高傑作と自負した作品で、2008年には、本作を自らの監督で映画化している。

[4]　ジョナサン・リテル（1967- ）、ユダヤ系アメリカ人の作家。ニューヨークで生まれ、その後、パリなどに居住。代表作の『慈しみの女神たち』（英

訳は『優しき人々』）は、2006年にゴンクール賞を受賞した。この作品によって、ホロコーストに関する議論が沸き上がることになった。

[5]　アルベルト・ガルリーニ（1969- ）、イタリアの作家、詩人。代表作に『全世界が踊りたがっている』（2007）、『憎悪の法則』（2012）などがある。

[6]　チャールズ・ライト・ミルズ（1916-1962）、アメリカ合衆国の社会学者。『社会学的想像力』（1959）で提唱された「社会学的想像力」の概念は、社会学のあり方を考えるうえで重要な概念として、今日でも多くの社会学者によって言及されている。その他、『ホワイトカラー』（1951）、『パワーエリート』（1956）なども、社会学の古典として読み続けられている。

[7]　クロード・レヴィ゠ストロース（1908-2009）、フランスの社会人類学者、民族学者。アメリカ先住民の神話研究を中心に研究を行なった。また、1960年代から1980年代にかけて、現代思想としての構造主義を担った中心人物の一人である。代表作には、『親族の基本構造』（1949）、『悲しき熱帯』（1955）、『野生の思考』（1962）などがある。

[8]　邦訳は、『慈しみの女神たち』である。

[9]　クラウス・テーヴェライト（1942- ）、ドイツの社会学者、作家。1977年から78年にかけて、二冊の『男たちの妄想』（邦訳は、田村和彦訳、法政大学出版局、1999、2004年）を出版した。この研究は、一般的には原初ファシストの意識、特に、これら兵士の身体的な経験の研究であった。現在では、身体、戦争、ファシズムに関する傑出した作品として認められている。

[10]　エディプス・コンプレックスとは、ジークムント・フロイトが提示した概念である。精神分析の用語で、母親を手に入れようと思い、父親に対して強い対抗心を抱くという、一般には男子幼児期において生じる無意識的葛藤の感情として提示された。心的発達の重要な転換点として、また神経症の発症段階として注目されている。

[11]　メラニー・クライン（1882-1960）、オーストリアの精神分析家。児童分析を専門とする。幼い子どもたちに伝統的な精神分析を使用した最初の人で、技法と幼児の発達に関する理論の双方で革新的であった。

[12]　マーガレット・マーラー（1897-1985）、ハンガリー出身の精神科医、

精神分析家、児童心理学者。発達心理学に関する多くの理論を発表した。母子の観察データの分析を通して、子どもの3歳ごろまでの精神的発達を分離・固体化過程として理論化した。

[13]　ジョン・L・オースティン（1911-1960）、イギリスの哲学者。日常言語学派の主要人物の一人であり、発話行為（言語行為）についての先駆的な研究で知られている。ウィトゲンシュタインと並んで、イギリスの言語哲学の重要な位置を占めた。

[14]　ロバート・マートン（1910-2003）、アメリカ合衆国の社会学者。社会調査による成果をもとに、個別の事例と一般理論との間の橋渡しとしての「中範囲の理論」の必要性を唱えた。予言がその実現を生み出すという「予言の自己成就」の概念はよく知られている。

[15]　道徳的中立化、原語はmoral adiaphorization である。バウマンの道徳論にとって中心的な概念であり、道徳的無関心化とも訳せる。社会システムや社会過程が道徳的な配慮から切り離されてしまうことである。バウマンの道徳論に関しては、『バウマン道徳社会学への招待』（園部雅久訳、上智大学出版、2021年）を参照。

■第11章　＜一体性＞内部の塹壕

[1]　アブグレイブ刑務所は、イラクの首都バグダードから西へ約32kmの場所に位置する施設。サダム・フセイン政権時代には、反政府勢力をこの刑務所に収容し、拷問、処刑が行なわれていた。

[2]　ロベルト・ムージル（1880-1942）、オーストリアの作家、エッセイスト。長編小説『特性のない男』は世界的に高い評価を受けており、しばしばジェイムズ・ジョイスの『ユリシーズ』や、マルセル・プルーストの『失われた時を求めて』と並び、20世紀前半の文学を代表する作品と見なされている。

[3]　アレクシス・チプラス（1974- ）、ギリシャの政治家。急進左派連合の党首として、2015年から2019年まで首相を務めた。ギリシャの財政危機に対して、緊縮策に反対しポピュリスト的公約を掲げることで国民の支持を広げた。しかし実際にはうまくいかず、2019年退陣に追い込ま

れた。

[4]　デイヴィッド・グロスマン（1954- ）、イスラエルの作家。ヘブライ大学で哲学と演劇を学び、1983年長編小説『羊の微笑』を発表し創作活動に入る。長年イスラエルの平和運動に参加し、2003年のジュネーブ合意では、調印者の一人として関与した。

[5]　アブラハム・イエホシュア（1936-2022）、イスラエルの作家、エッセイスト。現代ヘブライ文学を代表する作家である。代表作に『エルサレムの秋』（母袋夏生訳、河出書房新社、2006年）がある。

[6]　ペーター・スローターダイク（1947- ）、ドイツの哲学者、社会学者。二元論（二分法）、たとえば「霊魂と肉体」、「主体と客体」、「自然と文化」といった関係性を否定する。スローターダイクは、そのような関係性の相互作用（共在空間）、また科学技術の進展によって、二元論的な関係性が混合した現実が生じていると考えている。

[7]　マルセル・モース（1872-1950）、フランスの社会学者、文化人類学者。「原始的な民族」とされる人々の宗教社会学、知識社会学を研究した。代表作は『贈与論』で、ポトラッチやクラなど伝統社会に見られる慣習を観察し、贈与が単に経済的価値を持つだけでなく、政治的影響力の源であり、宗教的儀式であり、倫理的義務の履行でもあるとした。モースはこのことを「全体的社会的事象」と呼んだ。

[8]　サイモン・シャーマ（1945- ）、イギリスの歴史家。専門は、美術史、オランダ史、ユダヤ史、フランス史である。1989年に出版した『市民』というタイトルのフランス革命史で世間の注目を浴びた。現在は、コロンビア大学の教授である。

■第12章　教育・文学・社会学

[1]　ポール・オースター（1947- ）、アメリカ合衆国の作家、詩人。作品はニューヨーク、特にブルックリンを土台にしている。代表作は、『シティ・オブ・グラス』、『幽霊たち』、『鍵のかかった部屋』のニューヨーク三部作（1987）である。

[2]　フィリップ・プティ（1949- ）、フランスの大道芸人。世界各地の有名

高層建築物を無許可で綱渡りすることで知られる。『ザ・ウォーク』は、プティのワールドトレードセンターでの綱渡りを映画化した2015年の映画である。

[3] ホルヘ・ルイス・ボルヘス（1899-1986）、アルゼンチン出身の作家、詩人。特に代表作『伝奇集』などに収録された、夢や迷宮、無限と循環、架空の書物や作家、宗教・神などをモチーフとする幻想的な短編作品によって知られている。

[4] ポルデノーネは、イタリア北部の都市。

[5] カール・グスタフ・ユング（1875-1961）、スイスの精神科医、心理学者。オイゲン・ブロイラーに師事して、深層心理について研究をした。分析心理学（ユング心理学）を創始したことで知られる。

[6] アラン・ベネット（1934- ）、イギリスの作家、劇作家。1960年代初期の『周辺を超えて』の脚本兼出演者の一人として、ベネットの名が世に知られるようになった。

[7] タルコット・パーソンズ（1902-1979）、アメリカ合衆国の社会学者。パターン変数、AGIL図式を提唱するなど、機能主義の代表的な研究者とされる。第二次世界大戦後、最もよく知られた社会学者の一人である。

[8] ポール・ラザスフェルト（1901-1976）、アメリカ合衆国の社会学者。コロンビア大学応用社会調査研究部門の長として、社会学における定量的調査の発展に貢献した。コミュニケーション研究の代表的先駆者としても知られている。

[9] デイヴィッド・グロスマン（1954- ）、イスラエルの作家。パレスチナとイスラエルの双方に和平を果敢に訴え、世界に発信し続ける姿勢は国内外で評価されている。

[10] コルネリュウス・カストリアディス（1922-1997）、ギリシャ出身の哲学者、経済学者、精神分析学者。フランスでリバタリアニズム社会主義を標榜する組織を立ち上げ、フランスの左翼知識人に大きな影響を与えた。1970年にフランスの市民権を得た。

[11] ジョン・ケネス・ガルブレイス（1908-2006）、カナダ出身の経済学者。経済学の数学的なモデリングを忌避し、平易な記述の政治経済学を指

向している。進歩主義的価値を重視し、政府による市場介入の支持者
であった。

[12]　ミヒャエル・ハネケ（1942- ）、オーストリアの映画監督、脚本家。
2009年『白いリボン』、2012年『愛、アムール』で2作連続、カンヌ
国際映画祭でパルム・ドール賞を受賞する。

[13]　ミシェル・フーコー（1926-1984）、フランスの哲学者、思想史家。フー
コーの理論は、主に権力と知識の関係、そしてそれらが社会制度を通
じた社会統制の形としてどのように使われるのかを論じている。

[14]　天馬にまたがり槍と楯を持ち天空を駆け巡るワルキューレたちが、
戦死した兵士の魂を岩山へ連れ帰る場面の前奏曲として流れるのが
『ワルキューレの騎行』である。ワーグナー作曲のなかで最もポピュ
ラーな作品の一つである。

[15]　ヨシフ・ブロツキー（1940-1996）、ロシアの詩人、エッセイスト。思
考の明快さと詩的な力強さが一体化した、包括的な作品群に対して、
1987年にノーベル文学賞を受賞した。その受賞講演は、沼野充義訳『私
人』群像社（1996）に邦訳されている。

訳者あとがき

　本書は、 Zygmunt Bauman and Riccardo Mazzeo, *In Praise of LITERATURE*（Polity Press, 2016）の全訳である。この本は、ジグムント・バウマンとリッカルド・マッツェオの書簡による会話で構成されている。原書には副題は付いていないが、内容をより明確にするために、邦訳は『文学を称賛して——社会学と文学の密接な関係』とした。バウマンとマッツェオによる対話形式の本は、2012年に *On Education*（Polity Press）が出版されており、本書は二人による二度目の対話本である。

　初めに二人の経歴を簡単に紹介しておく。ジグムント・バウマンは、ポーランド出身の社会学者で、主にイギリス・リーズ大学で教鞭をとり、リーズ大学の名誉教授である。2017年、91歳でこの世を去るまでに60冊以上の著作を著した現代社会学の巨人である。中心となるテーマは、リキッド・モダニティ論に象徴される現代社会論であるが、根底にホロコーストに触発された独自の倫理・道徳論があり、一貫して既存の社会学には与しないオルタナティブな社会学を志向した。一方、リッカルド・マッツェオは1955年、イタリアで生まれ、ボローニャ大学で外国語と文学を専攻し卒業した。その後、フロイトとラカンを学び、トレントのエリクソン出版で主に哲学書の編集者兼翻訳者として働き、数多くの書物を出版した。現在も編集者、エッセイストとして活躍している。

　さて、本書の目的は、序文で明示されているように、手紙による二人の対話を通して、文学（広くは芸術）と社会学（広くは社会科学の一

分野）の関係性を考えることである。全12章から構成されるが、マッツェオの問題提起にバウマンが応じるという、対話形式ということもあって、基本的に読者の関心に応じて、どの章から読んでも構わないであろう。ここでは、読者の選択に供するためにも、各章の内容をごく簡単に紹介しておこう。

第1章「二人姉妹」では、文学と社会学の関係は、二人姉妹であり、さらに単なる普通の姉妹ではなく、体が繋がったシャム双生児に例えられるほど密接な関係にあることが指摘される。両者はともに人間の経験を扱い、それを探究している。その手段としては、言語（言葉）やそれからなる言説が重要であり、それをめぐる問題として、言語の衰退、表現の自由と非寛容の拒絶、象徴的暴力などの問題が論じられる。象徴的暴力の問題に関連して、私たちは、世界規模での戦場での、大きな戦いをするための演習をしているのではないかという問いかけが、昨今の世界情勢を見るにつけても印象に残る。

第2章「文学による救済」では、貧困が児童の能力に与える影響を論じ、文学作品の救済の可能性について考えをめぐらす。良き先生（指導者）の重要性を肯定しつつ、貧困を生み出す社会的要因を問わなければ、問題の解決には至らないことを指摘している。その点での文学（芸術）の有効性に、率直に疑問符を投げかけてもいる。

第3章「振り子とカルヴィーノの空の中心」では、前近代、ソリッドな近代、リキッドな近代というような歴史の段階的な変化は、一方向的ではなく、振り子の反復のように各時代の要素が混在していると考えるのが妥当であることが指摘される。どのような発展や生成も連続と不連続の絡み合いである。現代社会は、きわめて複雑な構成へ向かう傾向にあり、すべての権力や価値が絶対的統治者のいない空虚な中心に向けて集まっている。それは人間社会の自律性を担保する＜全体性＞の崩壊である。また、振り子は現実世界においては、摩擦の存在によって、純粋な動きはしない。段階的変化における摩擦要因を考

えることも重要である。ここでは、ピアジェの発達段階論を念頭に、摩擦要因として、感情要因の市場化と電子的コミュニケーションの発達を挙げている。

第4章「父親問題」では、父親の形が今日どのように変化しているのか。その現象、原因、影響について論じている。父親の権威は民主化され、その強さは多くの面で消失した。産業構造の変化に伴う変化と合わせて、宇宙の中心（神）の消失にオーバーラップさせて、家族生活の中心としての父親の消失を描いている。父親の消失はまた、親の責任の放棄とも関連していて、その道徳的な良心の呵責を、市場のサービスの購買で補おうとする傾向を指摘している。

第5章「文学と空位の時代」では、19世紀末から20世紀初頭の時期と21世紀の現在の時期が、空位の時代としてパラレルに考えられるのかどうかを論じる。空位の時代とは、古い生活の様式はもはや機能しなくなっているが、新しい生活様式はいまだもたらされていない時期である。バウマンは、この二つの時期をパラレルに捉えることに対して疑問を呈している。そこに見られる類似性は、偶然の一致と考えた方が良いと言う。新しくなることは、衝撃的なことではなく正常な印であると言う。

第6章「ブログと仲介者の消滅」では、近年のブログ等電子的コミュニケーションの発達によって、人々の生と文学（芸術）を媒介（伝達）する（文化的）仲介者が消滅していることを論じる。またより広く、新しい電子メディアのインパクト、私たちの行動、世界観、期待への影響について言及している。オンラインの安全地帯において、苦痛を伴う人々の本当の生が損なわれているという基本的認識がある。

第7章「私たちは皆自閉症になりつつあるのか?」では、前章を引き継ぎ、インターネットに依存した生活によって、多くの人々が自閉症になりつつあるのではないかと問いかける。オフライン（現実の世

界）の苦痛を避ける、オンラインの提供する＜心地よい居場所＞が、社会的スキルの衰退を深めている。それはオンラインが生み出した自閉症の患者が、ますます現実の世界を遠ざけ、安全地帯に引きこもることになるのではないかと言う。

第8章「21世紀のメタファー」では、言語の伝達におけるメタファーの重要性を指摘する。とりわけ、リアリティが変化し、眼前の新しいイメージを捉える言葉がなく、今まで適切であった言葉では伝えることができない場合に有効である。21世紀のメタファーは、自己言及性の象徴であるナルキッソスである。それに対して、20世紀はピュグマリオンであった。前者は消費者の原型であり、後者は職人の原型である。高度に消費者化した私たちは、ピュグマリオンの術を、再度学び直すべきなのではないかと問いかけている。

第9章「危険を冒すツイッター文学」では、ツイッター文学が言語を単純化し、本当の文学を消滅のリスクに晒していると言う。大した労力をかけずに、新しい技術の助けを借りて、ひどく単純化するのが現在の傾向であり、表面的で、深く探究することをしなくなった。この章では、カラオケ文化やアバター（化）を取り上げてその特徴を興味深く論じている。

第10章「乾きと湿り」では、前章で扱った文学の危機に対して、文学の重要性を具体的な作品を引きながら論じている。マッツェオは、ファッシズムの起源を神話的に説明するガルリーニの小説『憎悪の法則』を取り上げる。一方、バウマンは、リテルの小説『ドライとダンプ（乾きと湿り）』を取り上げ、対立に支配された世界におけるファシスト精神の構造を問題としている。このような具体的な作品を取り上げることで、社会（科）学と文学の協働の必要性を説得的に論じている。

第11章「＜一体性＞内部の塹壕（ざんごう）」では、ナチ親衛隊将校への聞き取りを基にしたリテルの小説『優しき人々』（邦訳『慈しみの女神たち』）、

および20世紀初頭の思想史パノラマとも言われる、ムージルの未完の長編小説『特性のない男』を取り上げ、他者との同一化、一体化、一体感について考察する。それは、カテゴライズし、分類し、差別化する文化の最も重要な関心事の神秘的な起源をめぐる問題であるとバウマンは指摘する。また、差別化、対立が支配する現代社会で、モースの＜贈与＞の問題、スローターダイクの＜気概＞の経済について論じている。

　最後の章、第12章「教育・文学・社会学」では、「芸術（文学）および社会学は、世界を変えられるであろうか」という問いを投げかける。教育の重要性はあるものの、文学にとっても社会学にとっても、なかなか難しい問題だというのが両人の見方である。しかし、問いを発しなくなった現代社会で、問うことの重要性を指摘する。また、ペレックの『眠る男』を参照しつつ、消費主義の終焉へ向けた考察を紹介している。何はともあれ、文学と社会学に共通するのは、人間の存在論的問題を問うことであり、そしてそれを大衆の検討に付すことだと言う。そのためには、文学と社会学の統合が不可欠であり、両者の相互作用、相互啓発が求められると言う。

　以上、本書の各章を概観してきたが、ここでバウマン社会学における本書の位置を確認しておこう。バウマンの社会学の特質は、何と言っても社会学としてのそのオルタナティブ性にある。バウマンにとって既存の社会学は概して、自由な意志を持つ人間を、如何にして規則に順応し、自発的に管理される人間にするかという＜不自由な科学＞なのである。そこでは、社会的世界とその構成員を客体化する傾向にあった。それに対して、オルタナティブな社会学は、人間の主体性、道徳的責任、批判と対話を重視する＜自由な科学＞を構想する。社会学の仕事は、価値選択を押し付けることではなく、価値選択を行いやすくさせることである。社会学は現状の相対性を

あらわにし、もう一つ別の社会的あり方や生活の仕方の可能性を啓発することに意味があり、TINA（他にやりようがない、選択肢がない）のイデオロギーや人生哲学に逆らって機能することに意味があるとバウマンは言う。

このような人間の主体性を重視するオルタナティブな社会学にとって、とりわけ重要な論点になっているのが、社会学の倫理・道徳への接近と文学への接近である。いずれも既存の価値中立性を唱える社会学が意識的に避けてきたテーマである。バウマンは、あえてそこに切り込むことに挑戦する。前者の倫理・道徳論については、訳者は以前に『バウマン道徳社会学への招待──論文・インタビュー翻訳集』（上智大学出版、2021年）として公刊しているので、関心のある読者は参照して頂ければ幸いである。そして本書は、バウマンが後者の文学について集中的に論じている唯一の単行本である。それゆえ文学と社会学は、双子の姉妹であると言って憚らないバウマンが、具体的にどのようなことを考えていたのか知るうえで格好の書物と言える。また本書は、文学と社会学との関係を論じつつ、他方で優れた現代社会（文化）論にもなっているので、今を生きる多くの人々に読んでいただけることを期待している。ちなみに原本（英語）は、これまでにアラビア語、中国語、イタリア語、ポルトガル語、スペイン語、トルコ語の6言語にすでに翻訳出版されており、広く世界的に読まれていることを記しておきたい。

なお、本書には文学と社会（科）学の領域を中心として幅広く、数多くの人名や事柄が参照されているので、読者の理解の手助けを考えて、各章ごとの訳注を巻末に掲載した。本文中の表記は、原注の丸括弧（x）と区別して、角括弧［x］とした。また、原書にはない人名索引を作成した。

最後に、前掲書『バウマン道徳社会学への招待』につづき、本書でも企画段階から出版まで一貫して貴重な示唆を与えて下さった上智大

学出版事務局と印刷・製本に至るまでの面倒な企画・編集業務を丁寧に成し遂げて下さった(株)ぎょうせいの皆さんに心よりお礼を申し上げます。

2023年8月

園　部　雅　久

人名索引

182

著者／訳者紹介

【著者】

ジグムント・バウマン

　1925年、ポーランドに生まれ、2017年、91歳で死去。社会学者。イギリス、リーズ大学の名誉教授。邦訳書に『リキッド・モダニティ——液状化する社会』（大月書店、2001年）、『近代とホロコースト』（大月書店、2006年）、『コラテラル・ダメージ——グローバル時代の巻き添え被害』（青土社、2011年）、『社会学の使い方』（青土社、2016年）など他多数。

リッカルド・マッツェオ

　1955年、イタリア生まれ。ボローニャ大学卒業。編集者およびエッセイスト。著書に *On Education*（ジグムント・バウマンとの共著、Polity出版、2012年）、*Wind and Whirlwind: Utopian and Dystopian Themes in Literature and Philosophy*（ヘッレル・アーグネシュとの共著、Brill Academic出版、2019年）など。その他翻訳書多数。

【訳者】

園部雅久（そのべ　まさひさ）

　1950年、東京生まれ。上智大学名誉教授。社会学博士。著書に『現代大都市社会論——分極化する都市?』（東信堂、2001年）、『再魔術化する都市の社会学——空間概念・公共性・消費主義』（ミネルヴァ書房、2008年）など。翻訳書に『バウマン道徳社会学への招待——論文・インタビュー翻訳集』（上智大学出版、2021年）がある。

文学を称賛して
社会学と文学の密接な関係

2023 年 10 月 5 日　第 1 版第 1 刷発行

著　者：ジグムント・バウマン
　　　　リッカルド・マッツェオ

訳　者：園　部　雅　久

発行者：アガスティン　サリ

発　行：Sophia University Press
　　　　上　智　大　学　出　版

〒 102-8554　東京都千代田区紀尾井町 7-1
URL：https://www.sophia.ac.jp/

制作・発売　㈱ぎょうせい
〒 136-8575　東京都江東区新木場 1-18-11
URL：https://gyosei.jp
フリーコール　0120-953-431
〈検印省略〉

Masahisa Sonobe, 2023
Printed in Japan
印刷・製本　ぎょうせいデジタル㈱
ISBN978-4-324-11307-3
(5300331-00-000)
［略号：（上智）文学を称賛して］

Sophia University Press

　上智大学は、その基本理念の一つとして、
「本学は、その特色を活かして、キリスト教とその文化を研
究する機会を提供する。これと同時に、思想の多様性を認
め、各種の思想の学問的研究を奨励する」と謳っている。
　大学は、この学問的成果を学術書として発表する「独自
の場」を保有することが望まれる。どのような学問的成果
を世に発信しうるかは、その大学の学問的水準・評価と深
く関わりを持つ。
　上智大学は、(1) 高度な水準にある学術書、(2) キリス
ト教ヒューマニズムに関連する優れた作品、(3) 啓蒙的問
題提起の書、(4) 学問研究への導入となる特色ある教科書
等、個人の研究のみならず、共同の研究成果を刊行するこ
とによって、文化の創造に寄与し、大学の発展とその歴史
に貢献する。

Sophia University Press

One of the fundamental ideals of Sophia University is "to embody the university's special characteristics by offering opportunities to study Christianity and Christian culture. At the same time, recognizing the diversity of thought, the university encourages academic research on a wide variety of world views."

The Sophia University Press was established to provide an independent base for the publication of scholarly research. The publications of our press are a guide to the level of research at Sophia, and one of the factors in the public evaluation of our activities.

Sophia University Press publishes books that (1) meet high academic standards; (2) are related to our university's founding spirit of Christian humanism; (3) are on important issues of interest to a broad general public; and (4) textbooks and introductions to the various academic disciplines. We publish works by individual scholars as well as the results of collaborative research projects that contribute to general cultural development and the advancement of the university.

In Praise of LITERATURE

by Zygmunt Bauman and Riccardo Mazzeo

translated by Masahisa Sonobe

published by Sophia University Press

production & sales agency : GYOSEI Corporation,Tokyo

ISBN 978-4-324-11307-3

order : https://gyosei.jp

『バウマン道徳社会学への招待　論文・インタビュー翻訳集』

[訳] 園部雅久

A5判／並製本／定価 2,530 円 （10% 税込）

社会学の巨人、ジグムント・バウマンの倫理・道徳論

　従来の社会学理論に挑戦し、現代の倫理・道徳的問題に問いを発し続けた
バウマンが見出した〈希望〉とは⁈　今日におけるバウマンの道徳社会学
の意義を考える。

発行　上智大学出版
https://www.sophia.ac.jp

発売　株式会社ぎょうせい
https://gyosei.jp